Você Consegue
Autor: Lauro Trevisan
Lançamento: novembro 2012
Capa: Andrey Lamberty

T814v Trevisan, Lauro
Você Consegue / Lauro Trevisan. – Santa Maria : Editora da Mente, 2012.
224 p.

ISBN 978-85-7151-070-8

1. Auto-ajuda 2. Psicologia 3. Motivação 4. Espiritualidade I. título

CDU 159.962.7

Ficha elaborada por Eunice de Olivera, CRB 10-1491

EDITORA DA MENTE

Pedidos: Editora e Distribuidora da Mente
Rua Tuiuti, 1677 – Caixa Postal: 559
97015-663 Santa Maria – RS – Brasil
Fone: (55) 3223.0202 ou Fax: 55.3221.7184
Email: mente@editoradamente.com.br
Site: www.editoradamente.com.br
Autor: laurotr@uol.com.br
Site do Autor: www.laurotrevisan.com.br

Lauro Trevisan

Você Consegue

Lançamento 2012

Editora da Mente – Santa Maria

Brasil

Olá!

O Criador fez um paraíso para você desfrutar, deu-lhe sabedoria e poder para construir seus sonhos, avisou que a felicidade está dentro, insistiu que ninguém tem poder de barrar seus propósitos... e você está fazendo o quê aí parado que nem jacaré tomando sol à beira do rio?

Será que precisa levar um choque para acordar? Nasceu de olhos fechados e ainda continua sem abri-los? Sua mente continua tão pequena quanto no dia em que veio ao mundo?

Acorda, o mundo está aí de braços abertos para você. É um mundo lindo espe-

XXXXXXXXXXXXXXXXXXXXXX

rando que você faça uma história linda.

Aqui você verá que seu destino está em suas mãos, descobrirá que só é difícil o que você pensa que é, e perceberá que os seus sonhos só dependem de si.

Sim, você consegue.

Se Deus lhe desse um desejo além de sua capacidade de realizá-lo, não seria Deus.

Você consegue.

Pare de se queixar e dê o primeiro passo lendo esse livro.

É tudo que lhe desejo de coração.

O resto você consegue. Beijos.

Lauro

XXXXXXXXXXXXXXXXXXXXXX

1

Tudo começa com uma ideia

Tomei o carro e fui subindo a Serra de São Martinho em direção a Itaara, então distrito de Santa Maria, para ver uma cabana que acabara de adquirir, numa curva do caminho. Por sinal, a comprei para resolver o problema financeiro de um casal argentino, cuja esposa estava num hospital de Buenos Aires, com câncer. Olhei para a cabana, que alfinetava o cerro, e, de repente, um súbito impulso me compeliu a seguir adiante em direção a um antigo balneário abandonado, existente há poucos quilômetros. Encontrei o proprietário, Briant Bopp, e contei-lhe que ouvira falar do seu desejo de vender aquilo que, em outros tempos, fora seu balneário turístico.

- Queria não, eu quero! – completou ele.

A conversa foi andando, mas, quando se chegou aos valores, esses estavam bem além das minhas possibilidades momentâneas. Realmente, era uma região linda, de mais de cinquenta hectares, com lagos, riachos, cascatas, bosques, eucaliptal, cânion. Depois de longas tratativas, foi feito o acerto final. Antes de assinar o contrato, que consistia em três parcelas essenciais até o final do ano e o restante em vinte e quatro meses, sem acréscimos, analisei minhas perspectivas e, por último, consultei o baralho da felicidade, criado por mim, para ver qual a mensagem que me oferecia o caso. A carta que retirei aleatoriamente tinha este título: *Hoje Eu Consigo*. Foi o empurrão determinante. No natal de 1982, tomei posse e paguei tudo rigorosamente em dia.

Eu consigo. Você consegue.

Talvez você seja daqueles que sempre resmungam conformados:

- Eu não consigo!

Essa expressão é mais danosa que um dilúvio. Mata tudo que estiver sob seu significado.

Saiba que a exclamação "não consigo", longe de expressar apenas um desabafo, chega ao subconsciente como uma ordem definitiva.

Enquanto persistir esse grito interior, você decididamente não conseguirá.

Duas palavrinhas danadas

Alerte-se de que há duas palavrinhas miseráveis, altamente nocivas e desastrosas. Veneno puro. Matam pela raiz. Duas palavrinhas que derrubam sonhos, transformam casa em terreno baldio, desmontam impérios, dizimam exércitos. Não precisa procurar essas palavrinhas no Google, você provavelmente as adotou como critério de vida. São: *Não consigo!*

Não consigo significa não posso, não é possível, não dá, não tem jeito. Com essa ideia, você sequer experimenta. Desiste de tentar. Tentar por quê se não vai conseguir? Resultado: fica travado.

Sem ação.

Fechou a porta e foi dormir. Se é que consegue dormir. Sim, porque muita gente passa a noite do quarto para a geladeira, exclamando: *Não consigo dormir.*

Por que não consegue?

Agora se pergunte por que acha que não consegue.

O seu *"não consigo"* é água fria na fervura. É martelada nos seus projetos.

Quando o papa morre, o cardeal camerlengo dá uma martelada no anel de pescador do Sumo Pontífice, acabando de vez com seu poder. Muita gente faz o mesmo com o próprio poder: dá martelada nos sonhos enquanto a mente brada: Não conseguirás!

Conheço muita gente que teima em achar que não é nada, que a vida é complicada, que não é fácil conseguir.

Há os fatalistas que insistem em dizer que só conseguem os sortudos e os privilegiados. E fecham o raciocínio, não pensando mais nada e não admitindo qualquer outra ideia.

Aceite discutir o assunto

Não seja rígido. Aceite duvidar das suas certezas. Quem acha que sabe tudo é porque não se fez todas as perguntas.

Um amigo me dizia:

- Lauro, não me ensine, sei errar sozinho.

Conheci uma mulher tão radical que bradava exasperada:

- Não sei, não quero saber e tenho raiva de quem sabe!

Se você fecha todas as portas, como poderá entrar num nível de vida melhor e mais feliz?

- Mas eu já sou feliz desse jeito – me disse, certa vez, um senhor que encontrei, por acaso, no aeroporto de Guarulhos, em São Paulo.

Contei a ele aquela anedota em que estavam um francês, um inglês e um brasileiro contemplando um quadro que representava Adão e Eva no Paraíso.

O francês falou:

- Olhem bem esse quadro. Adão era francês: esbelto, loiro, inteligente.

- Nada disso – cortou o inglês. – Ele era inglês, sem dúvida nenhuma. Seu porte firme, a atitude fria e segura, é claro que era inglês.

- Não concordo – entrou o brasileiro. – Olhem bem: ele está sem roupa, não tem casa, só tem uma maçã para comer e ainda acha que está no paraíso. Só pode ser brasileiro.

O homem riu, mas ficou com sua ideia.

Consegue sim

Anos atrás, quando dois irmãos meus viajaram para a Europa, eu pensei: "Um dia eu também vou lá." Já fiz mais de trinta viagens àquele continente.

Certa vez, desejei ter um carro Mercedes. Tive. Depois vi um Krysler e fiquei encantado com o estilo e vigor desse automóvel e alimentei a ideia de possuir um. Tive. Hoje tenho um Yunday. Até que surgir um novo entusiasmo.

Sonhei ter um parque de diversão, com teleférico, trenzinho sobre estrada de ferro, pedalinhos, dindinho, naviozinho no lago, zoológico, museu da história da imigração. Tive.

Desejei ter sede própria do meu trabalho, Teatro Santa Maria para palestras e cursos, Editora dos meus livros, Livraria no calçadão de Santa Maria, casa na praia. Tive.

Sonhei em fazer o Mundo Encantado do Natal, no Parque Oásis. Fiz durante vários anos. Sonhei ter um programa de televisão. Tenho. Sonhei lançar livros na Espanha para toda a América do Sul. Está acontecendo pela Editorial Obelisco.

- Mas, você é rico – me disseram.

- Sou rico em sonhos. Em sonhos.

Walt Disney não ensinou que se você pode sonhar, pode realizar?

Lembro aqui uma frase do famoso arquiteto carioca, que projetou Brasília, Oscar Niemeyer:

- A gente tem que sonhar se não as coisas não acontecem.

Posso lhe dizer que tudo que relatei acima comecei a partir dos quarenta anos de idade, meu ano zero.

Nunca é tarde para ser rico, saudável e feliz.

Os outros conseguiram

Era dezembro e eu caminhava pelas ruas da cidade gaúcha de Gramado, onde se realiza, anualmente, o mais lindo natal que já vi. De repente, uma senhora me chama, me cumprimenta feliz e emocionada, e me conta:

- Esse restaurante Hakone é meu e do meu marido. Graças aos seus livros e jornadas. Meu marido era pedreiro. Hoje temos mais outro restaurante, uma granja, e agora um hotel de águas termais. Somos muito gratos ao senhor – completou ela com lágrimas nos olhos.

Evidente que não foi graças a mim,

mas a ela e ao marido, que souberam colher novos conhecimentos e aplicar tudo com muita fé.

Recebi, não faz muito, um email que dizia assim: "Entendo sua colocação, porque sou um cara que me identifico com suas ideias, fui um vendedor de picolé, rapaduras, cortador de grama, e hoje tenho três empresas em Canoas, no ramo de metalúrgica". Como não tinha anotado o nome, sinto pena não registrá-lo aqui, mas vale o depoimento.

Já contei a história do mendigo de São Paulo que ganhou o meu livro *O Poder Infinito da Sua Mente,* de uma senhora que queria ajudá-lo, e já era dono do táxi que me levava ao auditório onde eu realizaria uma palestra.

Venho chegando de Barcelona, onde lancei três livros pela Editorial Obelisco: *El Poder Infinito de Tu Mente - El Poder Infinito de la Oración – La Clave Del Mayor Secreto Del Mundo.* Não deixei de visitar a famosa Basílica da Sagrada Família, obra do inimitável arquiteto modernista catalão Antoni Gaudí, que se dedicou 40 anos, até sua morte em 1926, como responsável pela construção desse majestoso templo, e imprimiu nele seu estilo visionário, tendo como referência a estrutura de uma floresta. Com 18 torres, sendo a mais alta a de Jesus Cristo, com 170 metros de altura, três fachadas grandiosas, 4.500 m2 de área e capacidade para 14.000 pessoas - a obra teve início em 1882, e será concluída entre 2026 a 2030, sempre obedecendo ao modelo do mestre. Essa igreja fantástica é visitada anualmente por milhões de pessoas. Mas, quem era esse fenômeno chamado Antoni Gaudí? Um exemplo para você. Desde criança sofria de reumatismo, que lhe produzia muitas dores, até mesmo ao encostar os pés no chão; por causa da doença, não podia brincar com os garotos da sua idade e via-se obrigado a faltar às aulas com frequência. Sua mãe, para compensar as ausências escolares, o levava a passear no bosque, nos jardins, a contemplar as árvores e os animais. Esses problemas o acompanharam até sua morte, que ocorreu por atropelamento de um bonde, em 1926.

O genial Gaudí, se fosse como você, talvez tivesse permanecido confinado ao limiar de sua casa, agarrado à expressão não consigo. Não só conseguiu como se tornou símbolo de Barcelona e mereceu ser chamado, certa vez, pelo Núncio Apostólico Francesco Ragonesi, de "Dante da arquitetura" e "sua obra um dos maiores poemas cristãos em pedra".

Você consegue, se acha que consegue.

Não se atrofie

É impressionante como há pessoas que se apequenam. Se fossem enxergar a mente num espelho, a veriam do tamanho de um pinguim, em preto e branco. E alinhariam quilômetros de arrazoados para demonstrar que não é miopia, mas a mais pura realidade.

Acho engraçado quando certos intelectuais dizem que os pessimistas é que são realistas. E blasonam contra os otimistas dizendo que estão fora da realidade. Tenho convicção plena de que os únicos realistas verdadeiros são os otimistas. Posso explicar. Os otimistas têm os pés fincados na realidade do momento e, conhecendo a realidade atual, servem-se dela para projetar o futuro. Esta atitude é sábia e está dentro da mais rigorosa lógica, já que aquilo que penso hoje faz a realidade do hoje e, consequentemente, estabelece a realidade do amanhã. Os sábios afirmam que o amanhã é colheita do dia de hoje. Por isso, preste a maior atenção ao que é e pensa hoje, aqui e agora. O otimista vive o hoje, enxerga-o com olhos positivos, e acredita que amanhã será o resultado do hoje. Ao mudar o pensamento hoje, estará criando a nova realidade do amanhã. O otimista, portanto, é o mais perfeito e inteligente realista. Lembre-se daquela surrada frase: "O otimista vê em cada calamidade uma nova oportunidade; o pessimista vê em cada oportunidade uma nova calamidade".

Já que citei uma frase conhecida, não resisto a outra usada ainda mais frequentemente: "Se você continua pensando como sempre pensou, continuará acontecendo o que sempre aconteceu".

Para completar esse quadro, permita-me trazer aqui o famoso pensador e filósofo Heráclito de Éfeso. Viveu aproximadamente entre 540 a 470 AC, e foi considerado o "pai da dialética". Disse ele: "Ser sábio consiste em saber que o pensamento governa todas as coisas". Está aí. Situe-se na realidade do momento, viva-a, e promova a realidade do futuro pelo pensamento.

Uma última comparação: o otimista vive do hoje para frente; o pessimista vive do hoje para trás. Qual você prefere?

Mais uma coisa: o pessimista mora no passado, ao passo que o otimista aprende com o passado e vai em frente.

A ladainha dos pessimistas

A ladainha do pessimista é esta:

* *Ah, no meu tempo sim que...* Seu tempo é hoje, aqui e agora. Seja inteligente, criativo, imaginativo, e viva hoje melhor do que no seu tempo.

* *Senhor, perdão pelos meus pecados!* Vai ficar repetindo a vida toda a mesma coisa, como se Deus tivesse tempo de ouvir sempre essa lengalenga? Você já está perdoado; Deus sempre perdoa; o amor cobre todas as ofensas, como avisava o grande Salomão bíblico. De mais a mais, cada vez que renova seu pedido de perdão está cometendo na mente o mesmo pecado, pois, ao agir dessa forma, o revive interiormente. Ora, o subconsciente não distingue entre realidade e imaginação. Pense nisso.

* *Sou viciado há muito tempo, não tem jeito!* Está travado no passado. Nesse instante em que está lendo essa frase, não é viciado. Pare de dar vida ao passado. Você é viciado porque vive trazendo o passado para frente e levando a frente para o passado. Saia fora desse círculo vicioso e comece a ser agora a criatura maravilhosa que é na sua verdadeira realidade.

* *Sou um fracassado!* Foi. Não complique. Hoje é outro dia e você é outra pessoa. Heráclito de Éfeso dizia que ninguém pode banhar-se duas vezes no mesmo rio, porque quando vai banhar-se de novo já não é a mesma pessoa e nem o mesmo rio. Além de tudo, não existe fracasso, existe aprendizagem. Ao invés de morrer envolto nessa imagem desastrosa, agradeça a lição

e tenha a certeza de que agora sim acertará o caminho do sucesso e do progresso.

* *Carrego uma mágoa que não posso esquecer!* Como pode dizer uma bobagem dessas? Que falta de lucidez! O outro não está nem aí, falou num momento infeliz, já esqueceu tudo, vive a vida dele numa boa, e você fica aí sofrendo e perdendo tempo e saúde por uma frase que já morreu no passado? Santa Ignorância! Santa não, porque a mágoa é matéria-prima do câncer, em você e não no outro. Não foi Shakespeare quem disse que carregar mágoa é o mesmo que tomar veneno esperando que o outro vá morrer? Se não foi ele, digo eu.

* *Nunca mais quero ter alguém na minha vida.* Ora, ora! Se você se deu mal no casamento, não significa que sempre vai acontecer essa experiência. Se um homem a decepcionou, acha que todos os homens fazem o mesmo? Tudo que é exagerado é insignificante – já dizia o escritor Montagne. Pare um pouco para pensar. A emoção está obscurecendo a lucidez. Se o namoro, o noivado, ou o casamento, não deu certo, sobrou a importante lição da experiência. A experiência é a mais importante escola da vida. É mais uma certeza de que, com o aprendizado, a próxima tentativa vai dar certo.

Meu amigo, minha amiga, você consegue. Sim, você consegue.

* *Gostaria tanto, mas não consigo!* Bom, esse é o nosso assunto. Minha tarefa é dar um "chega pra lá

a essa sua frase". Claro que você consegue. Não só isso que gostaria de ser ou ter, como tudo o mais que sua mente ousar produzir, criar e incendiar seu entusiasmo. Mais uma vez quero lhe assegurar que não existem privilegiados no mundo. Todos nascemos com o mesmo "google" de conhecimentos na mente, com a mesma força de ação, com a mesma vontade irresistível, com o mesmo poder, com o mesmo Deus no coração, e com a mesma sabedoria e liberdade para escolher o caminho a percorrer na vida. Quem sabe essa verdade, consegue. Quem não sabe, sofre patinando. Fique tranquilo, você vai saber.

Você é refém das suas crenças?

Cada qual vê a si mesmo como quer. Sua mente assume o tamanho das suas crenças. Crenças negativas tornam a pessoa cada vez menor, porque, quanto mais você tira, maior fica o buraco, menor fica a pessoa.

Conheço pessoas tão agarradas a certas crenças do tempo dos bisavós que não se desfazem delas nem que chova canivete.

Há cada crença por aí, assumida como dogma, que não queira saber. Preste um pouco de atenção no que lê e no que ouve e ficará pasmo. Às vezes, basta um pregador, saído de algum rincão da Cochinchina, dizer uma afirmação qualquer – pode ser até mesmo que o fim do mundo será na semana que vem – e muita gente diz amém, amém, amém.

Deus não lhe deu inteligência para entregá-la

à guarda dos outros. Nas profundezas do seu ser há o DNA da sabedoria infinita. Mas, para usá-la, tem que pensar. Pense à vontade, que pensar não dói.

Ritual para acabar com os "não consigo"

Faça agora mesmo um inventário de si mesmo.

Escreva numa folha suas qualidades, noutra folha suas limitações.

A seguir, tome mais duas folhas: escreva na primeira o que você quer e na segunda o que impede de conseguir.

Feito isso, jogue no fogo a folha das limitações e a folha dos empecilhos.

Sobrou a sua verdade. Reforce-a, lendo várias vezes. Repita dez vezes: Assim é e assim será.

Parabéns, agora você está começando a ver sua verdadeira imagem.

Para meditar

Faça aqui uma reflexão singela sobre o que escreveu Uell Stanley Andersen:

"No coração do homem iluminado encontra-se o conhecimento secreto que lhe permite nunca ficar à mercê das aparências imediatas: ele tem dentro de si o poder de modificar qualquer coisa através de sua identificação com o divino, através do conhecimento de que a mente que existe em seu íntimo é a mente de todos os outros". (O Poder da Energia Mental).

Você Consegue

2

O poder da palavra

Aqueles que veem a palavra apenas como a pronúncia fonética, com razão sustentarão que esse som idiomático não tem poder algum. Mas, quem vai mais longe e descobre que esse som expressa uma energia criadora, poderá estar mais propenso a acreditar que temos o poder criador exercido pela palavra.

É bom saber que sua vida corre nos trilhos da sua palavra. O que você diz, assim é e assim será. Já falei disso em vários livros. Mas, aqui é muito oportuno.

A expressão não consigo mata qualquer projeto, arrasa belos ideais, gera medos e paralisa qualquer sonho.

Se ainda não o fez, escreva essa expressão num papel e jogue no fogo. Fim para essa crença absurda.

Explicando melhor

O escritor, dramaturgo e jornalista brasileiro Nelson Rodrigues, (1912-1980), disse: "Todas as palavras são lindas.Nós é que as corrompemos". Eu poderia acrescentar: "Todas as palavras têm poder, nós é que usamos mal".

A palavra é seu poder maior. É como a energia atômica: pode ser usada para fins construtivos ou para ações destruidoras.

O impressionante da palavra é que ela age sobre si mesma e sobre a própria pessoa e suas circunstâncias. Significa que você é a forma da sua palavra. Assim como pensa, assim é você. Poderia parodiar o filósofo Sócrates e avisar-lhe: *Dize-me com que palavras andas e dir-te-ei quem és.*

A palavra é autocriadora. Contém a substância do seu conteúdo e, como toda substância exige sua forma, a sua palavra faz a sua realidade física.

A palavra emite poderosa energia criadora em busca da materialização. No momento em que você cria a palavra, ela imediatamente se mobiliza, impulsionando-o na direção do seu conteúdo.

A palavra criadora

Que poder fantástico tem a palavra!

O mundo foi feito pela palavra.

O poder é exercido pela palavra.

A vida é manifestação da palavra.

Deus criou o mundo pela palavra.

Jesus é o Verbo, a Palavra.

Palavra é privilégio humano

O único ser do universo que recebeu o dom da palavra foi o ser humano, exatamente por ser filho de Deus e por receber a incumbência de continuar a obra da criação do mundo, como consta na parábola do Gênesis.

Por mais linda que seja a natureza, não lhe foi dado o poder da palavra. Nenhum animal recebeu o dom da palavra criadora. Já viu algum cachorro discursar? O imperador Calígula, 12-41DC, já doido varrido, fez seu cavalo Incitatus senador de Roma, carregando faixas com as cores do imperador, recheado de colares preciosos, com dezoito assessores, mas nem por isso deixou de comer feno e milho. E nunca proferiu um discurso. E também não foi corrupto, o que já era uma vantagem.

Contemple agora a grandeza das galáxias, com seus trilhões de estrelas: nem a soma de tanta maravilha pode emitir uma palavrinha sequer.

Mas, você pode.

A palavra é poderosa

Incrível como é a palavra. Poder puro. E a gente não dá tanta importância.

Você usa e abusa da palavra como se estivesse jogando areia no mar. Não vê relação alguma entre a sua palavra e a sua vida. Discute, xinga, nega, concorda, ata, desata, faz, desfaz, acredita, desacredita, tudo com a maior sem-cerimônia. Jamais poderia supor que é exatamente a sua palavra que faz a sua vida. Como não sabe, fica rosnando contra Deus e todo mundo quando as coisas vão mal. E fala em azar, perseguição, acaso, falta de sorte, urucubaca.

Sei que você está dizendo:

- Mas, eu não falo nada e as coisas não acontecem.

- Deixe-me explicar-lhe. Palavra significa aqui: pensamento, sentimento, emoção, desejo, crença, imaginação, meditação, mentalização, oração, canto, leitura, enfim toda a ação mental. Também apresso-me a dizer-lhe que só se realiza a palavra que você aceita como sua verdade, seja negativa ou positiva. Não acontece em você toda a avalanche de palavras e pensamentos que emite ou recebe, mas a palavra que é sedimentada e acatada pela sua mente.

O poder está na palavra acreditada, porque esta age sobre a Lei de que você colhe o que semeia. Diz o velho ditado que quem semeia ventos colhe tempestades, quem semeia sonhos colhe realidades.

A palavra é manifestação divina

Em última análise, a palavra é a maneira como Deus se manifesta em você e como você manifesta Deus no mundo.

Gosto dessa passagem do evangelho de João: "No princípio era a palavra, e a palavra era Deus e tudo que foi feito foi feito pela palavra".

Você, Deus e a Palavra

Jesus proclamou que ele era a Verdade e uma de suas Verdades é que o Pai habita o secreto do ser humano: "E tu, quando orares, entra no teu secreto e ora a teu Pai que está no secreto; e teu Pai que vê às ocultas, te há de atender".

Agora raciocine: o Pai é a Palavra criadora; Ele habita seu íntimo; você e o Pai são uno; portanto, você, o Pai e palavra são unidade indissolúvel. Significa que sua palavra é manifestação infalível divina. É o mesmo que dizer que palavra é poder. Equivale a afirmar: Se deseja conseguir, você consegue.

Tudo está em suas mãos

Acredite, pela palavra tudo está em suas mãos: o bem e o mal, a riqueza e a miséria, a alegria e a depressão, a saúde e a doença, o sucesso e o fracasso, o dinheiro e a carência, o conforto e a privação, o tudo e o nada.

Pode negar, sua contestação não é novidade para o Criador. Ele o fez com o maior carinho, à sua imagem e semelhança, com o DNA divino, para ser feliz, cheio de amor, rico, próspero, criativo, colocou-o no paraíso desse planeta, mas se você prefere apagar essa verdade e ficar aí deitado em cima dos seus "não consigo", o problema é só seu.

Os resmungões e os aflitos exclamam:

- Deus esqueceu de mim e quando se lembra só

sabe me reservar sofrimentos.

Aqui Deus vira saco de pancadaria. E você o rejeita, abandona-o no porão, e vai viver à sombra das suas dificuldades.

Não seja chorão de si mesmo. Levante a cabeça e adote a verdade de que, se quer conseguir, você consegue.

Descobriu por que não consegue?

Há estudos sobre o pitecântropos, o homem de Neandertal, os primitivos das cavernas, mas será que você é diferente? São passados milhares de anos de civilização, e parece que o homem não quer sair da caverna interior.

Continua se achando pequeno, impotente, dependente de sorte, destinado ao sofrimento, sem condições de realizar seus sonhos.

A diferença entre você e o homem da caverna é que você está diante do progresso material, contempla a evolução material, convive com o avanço das ciências e da tecnologia. Sabe que o homem de hoje tem capacidade de voar, produzir alimentos em grande escala, gerar usinas imensas, construir prédios mais altos que a torre de babel, mandar naves às galáxias. Sabe que pode criar aparelhos da mais alta tecnologia e já colocou o mundo na sua casa pela internet...

O homem-matéria

Afinal, o que acontece com o ser humano que

se nega a ser o que é? Por que evolui materialmente e estaciona mental e espiritualmente?

Nessa altura da história humana, existem duas vertentes evolutivas: o homem-matéria e o homem-além-matéria.

O homem-matéria não vê nada além da matéria: a vida é matéria; só existe a matéria; tudo vê sob o prisma da matéria; só acredita na matéria; busca a matéria que o faça feliz, rico e saudável; compra o amor pela matéria; honra a Deus através da matéria.

Mas, a matéria é pesada e limitada, por isso pode gerar frustrações, desencantos e sofrimentos.

Na verdade, a matéria em si é neutra, a ação mental e emocional do homem sobre ela é que pode gerar frustrações, desilusões, sofrimentos e enfermidades.

O homem quer voar, subir, alcançar alturas mentais e espirituais, desvendar os segredos do microcosmo humano, mas, quando submetido ao peso da matéria, fica preso ao chão. Foi isso que fez o grande pensador e escritor e santo Agostinho de Hipona exclamar: "Fizeste-nos, Senhor, para ti, e o nosso coração anda inquieto enquanto não descansar em ti".

O grande problema humano é que o homem busca a felicidade, a alegria, a paz, o amor, o sentido da vida, o sonho do infinito, na matéria - e infelizmente a matéria não lhe pode dar.

É essa situação que ergue o grito planetário:

Não consigo!

O homem-além-matéria

O segundo passo da evolução humana é a descoberta do homem-além-matéria, o ser humano inserido no brado de Agostinho de Hipona: "Fizeste-nos, Senhor, para ti, e o nosso coração anda inquieto enquanto não descansar em ti".

Quando você sobe a uma dimensão mais alta que a matéria, você a domina. Lembro aqui Confúcio. Era um sábio filósofo chinês, 551-479 ac, muito influente. Pois, ele disse: "O homem superior busca em si mesmo tudo que quer; o homem inferior vai buscar nos demais".

Quando Jesus falava que todos possuímos um poder ilimitado chamado fé, com certeza pensava no ser humano que chegou à dimensão do espírito.

Não estou falando do homem religioso, que este pode até acreditar mais no poder da matéria que o próprio materialista. Sim, porque foge da matéria, renega a matéria, debita seus males à matéria, condena a matéria, vitupera contra a matéria – isto significa que teme a matéria. Lutar contra a matéria é dar poder a ela. E continuar uma batalha sem fim contra o mundo material significa que a matéria é mais poderosa e não consegue vencê-la. Pensar assim é ser materialista, por mais que acredite o contrário e por mais religioso que seja.

Quanto mais se fala em materialismo, mais poder e força lhe são dados. E a lagartixa se transforma em jacaré.

O ser humano centrado não despreza mas valoriza a matéria e a usa para todos os fins benéficos que desejar. Está acima da matéria e a domina. Usa-a e não é usado por ela.

3

Acerte o Caminho

Em agosto de 2012, abordei o estresse no meu programa de televisão, na RedeVida.

Na verdade, pensando bem, estresse é doença do homem-matéria. Desde cedo, ele quer ganhar, vencer, conquistar matéria, casa, carro, diploma, consultório, equipamentos, tecnologia, viagens, conforto, casa de praia, palácio na montanha, quinta no campo, loja e indústria – e, para tanto, luta, briga, engana, trabalha como desesperado, se chateia, sofre noites indormidas, distensiona com álcool, arranca o que é dos outros, enfrenta leões, atravessa abismos e acaba num estresse de matar o coração com tanta adrenalina e noradrenalina.

Ainda hoje a humanidade sacrifica a vida pelo mundo material.

Como Deus não é matéria, como o espírito não é matéria, como o pensamento e o desejo não são matéria, ocorre que a dimensão mais alta e mais humana ainda não foi descoberta pelo homem. Este não chegou ao degrau de sua grandeza.

Então, exclama pesaroso:

- *Não consigo!*

E os *não-consigo* se multiplicam em *não-posso, não-tem-jeito, não-vai-dar, não-tenho-sorte, não-há-Deus-que-me-ajude, não-há-justiça-no-mundo.*

Deus não acelera o processo

A vontade do Criador, com certeza, seria colocar o ser humano desde já na sua verdadeira dimensão. Mas, Deus não acelera o processo. Não põe a carroça na frente dos bois – como se dizia antigamente. Espera pelo homem. E este cresce em si mesmo a passos de tartaruga. Muitos gostariam que Deus agisse direta e indiscriminadamente no homem. E, se necessário, o pegasse pelas orelhas. Mas, não é assim que funciona. Ele deu todas as ferramentas. Como diz o singelo ditado: Deus dá as nozes, mas não as quebra para você. Javé lhe dá os dentes mas não mastiga por você. O Pai lhe deu poder e sabedoria, mas cabe a você usar as chaves que lhe abrem essas dimensões.

Se Deus pensasse por você e agisse por você, a sua existência humana seria inútil e dispensável. Robô não tem méritos nem poder criativo. Você não seria outra coisa que peça da engrenagem celestial. A mais arrojada sacada do Infinito foi conceder-lhe o dom da liberdade. Deu-lhe sabedoria para criar e discernir, liberdade para escolher, poder para realizar, e felicidade como essência existencial. Ensinou o caminho, a verdade e a vida, mas deixou-lhe a possibilidade de escolha. Muitos elegem a autodestruição. Fazer o quê? Pertence a você cumprir a sua parte, que é usar livremente o poder e a sabedoria interior para construir sua felicidade, saúde, bem-estar, riqueza, prosperidade, vida amorosa, fraternidade e progresso.

Por que não acontece?

Pela ignorância humana.

Então, pare de dizer

**Não consigo.*

**Não tem jeito.*

**Sou azarado.*

E comece a ser o que você é de acordo com o projeto infinito.

Sabe por que não consegue?

Há algumas razões pelas quais não consegue:

Primeira: toda vez que disser não consigo, seu subconsciente cumprirá para que não consiga. O subconsciente é o poder executivo, ou nele está o poder executivo. A mente consciente cria e determina, a mente subconsciente executa. Seu consciente diz *não consigo* e seu subconsciente obedece: não conseguirá. É verdade que você diz que não consegue apenas como desabafo e decepção, mas, de fato, queria conseguir. Saiba que o subconsciente é literal, cumpre sua palavra, seu pensamento. Para mudar a situação, só resta um caminho.

Diga: Eu consigo!

Segunda. A palavra é seu ato criador. Para onde dirigir sua palavra, para lá irá a realidade. A expressão não consigo produzirá o fato de não conseguir.

Diga: Eu consigo!

Terceira. Não conseguirá porque acredita naqueles que lhe jogaram na cara que não vai conseguir.

Diga: Eu consigo!

Quarta. Por certo, houve experiências malogradas na sua vida e essas voltam à tona e perturbam sua mente toda vez que pretende alcançar algum objetivo.

Diga: Eu consigo!

Quinta. Você tem a crença de que nem tudo se consegue. Então, pensa que esse sonho também não poderá ser alcançado.

Diga: Eu consigo!

Sexta. Uma das causas mais fortes de não conseguir é que a maioria desiste diante de dificuldades.

Diga: Eu consigo!

Sétima. Quer que tudo caia do céu. Faça a sua parte – Deus fará a dele. É bom que saiba que Deus é a resposta. Deus cuida dos seus cavalos, mas precisa das suas mãos para amarrá-los.

Medite tranquilamente sobre cada item. Ponha o dedo na chaga e cure a ferida.

Diga: Eu consigo!

As duas pontas da corda

Na jornada que realizei em Portugal no ano de 2012, falei que saber o que quer é o primeiro passo para tornar os sonhos realidade. E distribuí a humanidade em três categorias:

Primeira: os que buscam apenas o mundo material. É a maioria. O dinheiro é tudo. Desprezam a dimensão espiritual, que esta só atrapalha, segundo eles. Acreditam que o dinheiro produz bem-estar e causa prazer. Para eles, uma gorda conta bancária é a suprema felicidade. Esses tiveram que enfrentar no mínimo dois problemas cruciais: a descoberta de que o dinheiro, por si só, não abraça, não ama, não mata a solidão, não traz felicidade, não diz uma palavra sequer de carinho e ânimo. Em segundo lugar, a percepção – como já foi falado – de que a matéria, na sua forma grosseira, gera ansiedade, estressa, desequilibra o organismo, abate o sistema imunológico e pode levar à decepção, à depressão e, às vezes, ao suicídio.

Segunda: Os que só buscam o mundo espiritual. Os religiosos formam a maioria desse contingente. Desprezam tudo que é sólido, porque o veem distante do espírito. Condenam a matéria, o dinheiro, o conforto, o luxo, a aparência, as festas, até o corpo é combatido e menosprezado como algo ruim, que arrasta para baixo. Não raro, esses fazem apologia da pobreza.

Terceira: a fusão. Os dois extremistas acima

analisados estão fora da realidade humana. Nem um nem outro isoladamente funciona, apesar das tentativas e das ideologias.

A vivência essencial do mundo espiritual e o aproveitamento essencial do mundo material formam o equilíbrio harmônico. Ambos se completam.

O ser humano é fusão de espírito e matéria.

O espírito é sua vida, seu poder, sabedoria, alegria, paz, felicidade, amor.

A matéria é a energia que sustenta o corpo e oferece as condições de sobrevivência e subsistência.

As duas condições, funcionando harmoniosamente, definem a vida humana no melhor sentido.

Essa compreensão faz você acreditar que tudo consegue. E consegue mesmo.

4

Vencendo crises

As queixas mais comuns que recebo nas jornadas, palestras e emails, dizem respeito à carência financeira e dívidas. As ladainhas não têm fim. A última e arrasadora desculpa pela falta de dinheiro é a crise econômica.

A Europa de hoje está mergulhada na ideologia da crise. Estive em Portugal e Espanha, e a imprensa, governos, e muita gente, falam de crise. Esse inconsciente coletivo é paralisante.

Inconsciente coletivo significa a atmosfera generalizada impregnando a coletividade de um continente, ou de um país, ou de uma família. Quando a maioria tem uma mentalidade comum, diz-se que existe o inconsciente coletivo que domina os pensamentos e as ações.

Inconsciente coletivo positivo gera uma mentalidade positiva, com ações positivas como efeito. Resultado: otimismo e progresso. Inconsciente coletivo pessimista gera palavras e ações significantes de desemprego, dívidas, paralisação, carências, estresse, desânimo, depressão.

Em entrevistas de televisão que concedi, tanto em Portugal quanto na Espanha, assinalei ousadamente três pontos fundamentais para acabar com a crise.

Primeiro: mudar o inconsciente coletivo.

- Como? Perguntou-me o inteligente e dinâmico Jorge Gabriel, no seu programa Praça da Alegria, da RTP, em Portugal.

Respondi que o governo e a imprensa deveriam criar um marketing forte apontando novos rumos, assinalando vigorosa arrancada para o progresso, pleno emprego, circulação de mercadorias e dinheiro, enfim algo capaz de mudar a mentalidade e criar uma nova onda de prosperidade econômica. Basta ver o exemplo de empresas falidas que, vendidas a homens inteligentes, dinâmicos e criativos, tomam o rumo do progresso e do sucesso.

Segundo: mudar a ideologia do executivo governamental. Este, quando se vê a braços com dívidas crescentes, logo pensa em aumentar os impostos, os encargos, e diminuir os benefícios sociais. Envoltos nessa onda, os bancos aumentam os juros. Com isso, piora mais ainda a situação e diminui a arrecadação, saindo o tiro pela culatra, como se diz na gíria.

Terceiro: é preciso usar o método ganha-ganha. Fazer o povo e o governo ganharem, ao invés de levar a balança a pender só de um lado.

- Como?

- O governo baixando os impostos e encargos sociais – inclusive os eliminando em certos setores produtivos e de mais empregos – e os bancos baixando os juros para maior circulação do dinheiro e da economia. O resultado a curto e médio prazo será o governo arrecadar muito mais do que o arrocho projetado pelos ministros da economia. Um projeto econômico e financeiro exuberante, sem desperdícios e priorizado nos setores mais sensíveis da economia fará o milagre desejado.

De mais a mais, tanto em Portugal quanto na Espanha, em todos os restaurantes que estive havia casa cheia, cheia mesmo, e os pontos turísticos estavam inundados de carros e visitantes.

- É, mas agora a crise está difícil – continuam repetindo por lá.

Lembram que o Brasil, anos atrás, se arrastava nas mesmices governamentais e então surgiu um candidato a presidente que proclamou que faria o país crescer cinquenta anos em cinco e, ao que consta, conseguiu? Era o visionário Juscelino Kubistchek. Como é que uns governantes e ministros veem além do status quo e vislumbram vigorosas vias de progresso e outros ficam lamentando a situação e esperando a crise passar?

Benefícios da crise

É preciso dizer que crise tem se tornado uma

palavra negativa quando, na verdade, deve-se entender que é vocábulo altamente positivo.

Crise nada mais é que impulso para frente, necessidade de sair da mesmice, desafio a dar o salto que avança, exercício da criatividade, nova visão otimista do futuro.

A sua vida evoluiu através do benefício das crises: o nascimento foi momento crítico de mudança, os primeiros passos foram fruto de superação de crise, assim o aprendizado da fala, as primeiras aulas escolares, o vestibular, o início da profissão, a arrancada para a realização de cada projeto, todo esse crescimento foi fruto de novos passos a serem dados para vencer etapas. Então, por que se assusta agora que tem mais cultura, mais experiência, mais visão de mundo?

Aceite definitivamente que você consegue. Claro que consegue.

Não permita que a escuridão dos outros obscureça o seu idealismo.

Você consegue.

Victor Hugo, 1802-1885, aquele famoso escritor francês, novelista, poeta, dramaturgo, ensaísta, artista, estadista, político atuante, autor de Os *Miseráveis* e *Notre-Dame de Paris*, entre outras obras, escreveu, certa vez:

"Não há nada como a imaginação para criar o futuro. O que hoje é utopia, será carne e sangue amanhã".

Tempos atrás, li uma entrevista do famoso ator de televisão Jim Carrey na revista Seleções. Lá pelas tantas, revelou ele que, antes de a carreira engrenar, estava dentro de um carro caindo aos pedaços – que comprara com o dinheiro do trabalho feito num seriado televisivo - e disse a si mesmo... "Sou um dos cinco melhores atores disponíveis. Todos os diretores querem trabalhar comigo". Então, preencheu um cheque nominal a si mesmo com os seguintes dizeres: "Pelos serviços realizados: US$10 milhões. Jim Carrey atribui – segundo sua entrevista – tudo de bom que lhe tem acontecido na vida a essas afirmações que ele costuma extrair de livros de autoajuda e espirituais.

O que hoje é utopia – lembre a frase de Victor Hugo – será carne e sangue amanhã.

Tudo é possível àquele que crê – afirmou o Mestre.

Sem utopia. Você consegue

5

Agarre-se a quem pode

O comum dos mortais acredita que Deus é o Poder e que o ser humano tem o poder que Deus lhe deu. E que há seres junto de Deus que podem ajudar a resolver doenças, problemas e dificuldades financeiras.

Em junho de 2012, saiu a estatística do IBGE sobre as religiões no Brasil. No estado do Rio Grande do Sul ocorreu um fato inusitado: é o estado brasileiro que tem mais católicos, mais umbandistas e mais ateus.

Eu, pessoalmente, desculpem os ateus, acho que não existem ateus, mas pessoas que dão nomes diferentes a Deus. Se você diz que só existe a Matéria Eterna, esse é o nome que usa para Deus. Se proclama a Geração Espontânea, não é isto um título de Deus, aquele que faz com que ocorra a geração espontânea e esta vá evoluindo através dos tempos? Por qualquer ponta, penso que sempre se acaba chegando ao Princípio de tudo. Certa vez, li uma frase assim: "Não há ateus numa pane de avião". Mas, não estou aqui para discutir com você e nem para desfazer sua crença, já que a teoria do ateísmo também é uma crença. Cada qual com seu cada qual – me dizia um amigo.

O que se vê no Brasil e no mundo é a diminuição do chamado homem-religioso e o aumento do homem-espiritualista. Isso é positivo. Entendo por religioso aquele que mantém uma crença fechada, às vezes beirando ao fanatismo. E a pior coisa que pode acontecer em religião é o fanatismo, também chamado de fundamentalismo. Fanático é aquele que pensa que os que não comungam com suas crenças são inimigos de Deus. Cito aqui Campbell: "Compreender que há outros pontos de vista é o início da sabedoria". Joseph John Campbell, 1904-1987, foi um norte-americano estudioso da mitologia e da religião comparativa.

Mas, desculpe, fugi do assunto. Vamos em frente.

Santos milagreiros que conseguem

O que desejo colocar aqui é que há uma forma muito comum pela qual inúmeras pessoas acreditam conseguir seus objetivos. E conseguem. Quando se sentem impotentes, apelam para seres ou forças superiores, na expectativa de que resolvam o que elas não conseguiram. Ainda que mal comparando, é como o eixo de força que o motorista liga quando o carro, por suas marchas normais, não consegue superar o obstáculo.

Há tendência generalizada a apelar para um Ser

poderoso quando as coisas vão mal ou fogem do controle.

Uns indivíduos apelam para Deus, para Jesus, para a Santíssima Trindade, para Nossa Senhora, para os santos.

Deus, como é amor e poder, é o mais invocado.

Jesus, que afirmou que tudo se consegue, também é procurado, principalmente nas horas difíceis. Disse ele:

"Vinde a mim vós todos que vos achais oprimidos e sobrecarregados e eu vos aliviarei".

E insistiu:

"Tudo que pedirdes em meu nome, vô-lo concederei".

Está aí, prometeu, vai cumprir.

Nossa Senhora é, desde tempos imemoriais, talvez a mais invocada, por ser mãe de Jesus, e mãe é sempre mãe, tem a atenção especial de seu filho Jesus Cristo.

Já ouviu falar na *Nossa Senhora Desata Nós*? É uma devoção muito apreciada, porque, sob este nome, ela se dedica a desatar os nós da vida dos que a ela apelam. O título de **Nossa Senhora Desatadora dos Nós** surgiu em 1700, com uma pintura do artista alemão Johann Schmidtner, tela que se encontra na capela de St. Peter am Perlach, em Augsburgo, Alemanha. Tempos atrás, ganhei uma Nossa Senhora Desatadora de Nós do meu amigo Arcebispo de Santa Maria, Dom Helio Adelar Rubert.

Existe também a Nossa Senhora dos Milagres. É, ainda, invocada como *Consoladora dos Aflitos e Auxílio dos Cristãos.* Sem falar dos santuários espalhados pelo mundo onde acontecem milagres de toda espécie.

Em escala decrescente, surgem os santos e santas muito populares, como São Judas Tadeu, Santo Expedito, Santo Onofre, Santo Antonio, Santa Rita de Cássia, Santa Brígida e outros.

São Judas Tadeu é um dos doze apóstolos, muito suplicado como solucionador das causas desesperadas e das causas perdidas.

Santo Expedito é procurado nos casos que requerem solução imediata, como, por exemplo, nos negócios em que qualquer demora poderá causar prejuízo. Os estudantes recorrem a esse jovem santo protetor da juventude, para serem bem-sucedidos nos exames.

Por que essa fama de rápido solucionador dos problemas? Expedito era militar comandante da 12ª Legião Romana baseada em Malitene, na Capadócia, e obteve vitória fulminante contra os bárbaros às margens do rio Danúbio. Seu exército era composto na sua maioria por cristãos.

A crença de que resolve rapidamente os problemas dos que o invocam se deve a que, ao buscar mudar de vida, o demônio teria aparecido sob a forma de um corvo a lhe dizer: "Cras! Cras! Cras!" Significa amanhã, deixa para amanhã, esquece esse propósito.

Expedito pisoteou o corvo, bradando: "Hodie!". Significa hoje, em latim. Nada de protelações. Já. Agora. Daí veio a crença de que Expedito resolve logo os problemas dos que o invocam.

Negou-se a cultuar o imperador e a renunciar ao cristianismo, por isso foi flagelado e decapitado no dia 19 de abril de 303, dia de sua festa.

Santa Rita de Cássia é a santa das causas impossíveis, dos doentes e das mães. Foi uma monja agostiniana, canonizada em 1900. Seu dia de festa: 22 de maio. (Roccaporena, 1381 — Cássia, 22 de maio de 1457).

Santo Onofre – patrono da fortuna e da sorte. Quem deseja riqueza, dinheiro, fortuna, encontra nele um protetor. Foi eremita que viveu no deserto da Tebaida, no Alto Egito, em fins do século IV. Seu nome pode ser uma corruptela do termo egípcio Uen-nefer, que significa "o que está sempre feliz, satisfeito". Diz a lenda que no início da vida teria vencido o vício do alcoolismo, mas nada foi provado; no entanto, ele é também invocado para a cura do alcoolismo. Sua festa é 12 de junho.

Santa Edwiges é popularmente conhecida como protetora dos pobres e endividados, principalmente dos endividados. Depois da morte do marido e dos filhos, entrou para o mosteiro e dedicou-se a ajudar os carentes. Com seu próprio dinheiro, construiu hospitais, escolas, igrejas e conventos. Ganhou fama de protetora dos endividados por ajudar detentos da região, presos por não terem recursos para pagar suas dívidas. Foi proclamada santa em 1267. Nasceu em Andechs, Baviera, 1174, e faleceu em Trebnitz, Silésia, atual Trzebnica, Polônia, em 15 de Outubro de 1243. Seu dia festivo: 16 de outubro.

Santo Antonio de Pádua ou de Lisboa é considerado padroeiro dos pobres e oprimidos, dos amputados, dos animais, dos estéreis, dos barqueiros, dos velhos, das grávidas, dos pescadores, agricultores, viajantes e marinheiros; também dos cavalos e burros.

É muito solicitado para achar coisas perdidas, assim como para conceber-se filhos, para evitar naufrágios, para conseguir casamento.

A devoção popular o colocou entre os santos mais amados do Cristianismo, cercou-o de riquíssimo folclore e lhe atribui até os dias de hoje inúmeros milagres e graças. É muito honrado nas festas juninas.

Segundo o folclore, as moças casadoiras retiram o menino Jesus dos seus braços e só o devolvem quando conseguem casamento. É padroeiro de Portugal.

Sua fama de santidade o levou a ser canonizado pouco depois de falecer.

Santo Antônio é considerado um dos intelectuais mais notáveis de Portugal do período pré-universitário. Muito culto. As referências ilustrativas que apresentava em seus sermões indicam que ele estava familiarizado com as obras de Plínio, o Velho, Cícero, Sêneca, Boécio, Galeno e Aristóteles, entre outros autores clássicos, sendo versado em diversos aspectos das ciências profanas. Além do mais, era teólogo, místico, asceta e sobretudo notável orador e grande taumaturgo.

Nasceu em Lisboa, Portugal, dia 15 de agosto de 1191, e faleceu em Pádua, a 13 de junho de 1231, com 39 anos.

Santa Brígida da Irlanda, 453-524, padroeira dos agricultores, gado, frango, dos bebês, das crianças cujos pais não são casados, das parteiras, das freiras, dos poetas, dos arinheiros e dos estudiosos. A festa é dia 1 de fevereiro.

Também se poderia falar de *São Nicolau*, o santo que deu origem ao Papai Noel. É amparo dos necessitados e dos que estão em apuros. Padroeiro das crianças e patrono dos marinheiros e viajantes.

São Nicolau nasceu no século III, na vila de Pataras, na época pertencente à Grécia, hoje fazendo parte da Turquia. Faleceu em 6 de dezembro do ano 343, em Myra, Turquia.

Esses, a meu ver, são os santos e santas mais populares atualmente e mais invocados.

Os santuários de aparições, por serem lugares sagrados e místicos, onde a fé dos peregrinos é intensa, também são procurados para curas e para a solução de situações dramáticas.

Se você se sente incapaz, se sua fé está fazendo água, se as luzes mentais e espirituais se apagaram, ainda assim pode ter certeza que consegue, pois há uma

Luz no Alto que pode acender sua fé e sua convicção de que vencerá.

Muitas pessoas reforçam sua fé de que seus pedidos serão atendidos acendendo velas, fazendo promessas ou novenas, colocando flores diante do quadro ou da estátua, oferecendo óbulos, enfim mediante algum ritual.

Explicações para os que conseguem

Os incrédulos negam qualquer possibilidade de que as esferas do Além possam interferir e ajudar. O enigma para eles é que as pessoas conseguem. E aí? Como explicar? Diz a velha filosofia que contra os fatos não valem argumentos.

Há duas explicações para esse fenômeno: a primeira é da religião, que garante que Deus e seus intercessores atendem aos pedidos. Acabei de ler a história sobre a origem da famosa canção Amazing Grace. O título significa surpreendente graça. Foi composta por um britânico, chamado Johon Newton, no século dezoito, após sua conversão. Este homem começou a vida na Marinha Real e depois a abandou para se tornar traficante de escravos. Certa vez, seu navio foi atingido, em alto mar, por violenta tempestade, e Newton compreendeu que só Deus o salvaria, então orou fervorosamente. Foi atendido e conseguiu salvar-se e salvar também o navio. Tocado pela Luz, mudou de vida, libertou todos os escravos que venderia e passou a lutar contra a escravidão. Este é um dos muitos exemplos que demonstram o poder da oração.

A segunda explicação é pela ciência da mente: tudo o que o subconsciente aceitar como verdade, executa. No caso do nosso assunto, não importa se o santo é de verdade ou se é pura imaginação. A ciência ensina que o pensamento cria aquilo que pensa e o subconsciente responde de acordo. Conclusão: aí está um método muito valioso para você conseguir o que deseja ou precisa. Lembro ter lido, num dos livros de Joseph Murphy, que ele voltava da Terra Santa e ia visitar um amigo muito doente. Pegou um pedacinho de madeira encontrado na rua e disse para o enfermo que era um pedaço milagroso da santa cruz de Jesus, que conseguira na Terra Santa, e sugeria que seu amigo o colocasse debaixo do travesseiro com muita fé de que seria curado. Curou-se. Significa que não importa se o objeto da fé é verdadeiro ou falso, importa que a fé seja verdadeira.

6

O coro dos que gritam que você não consegue

Quero alertá-lo de que encontrará por aí muita gente que não acredita em nada, muito menos que você possa alcançar seu objetivo.

No começo de minhas andanças por esse mundo de Deus, seguidamente encontrava repórteres, literatos, religiosos, homens que se julgavam cultos, os que sequer suportavam a ideia de que o ser humano tem poder de ser autor único de sua vida. Falar em poder da mente para eles era a suprema ignorância. Se você ler certos textos e poesias, ao espremê-los escorrerão lágrimas, frustrações, desamores, desilusões existenciais, corridas em busca de nada, ânsias de impossíveis, torturas e abismos insondáveis, solidão que naufraga sonhos e angústias que enferrujam a alma. E esses poemas são colocados com reverência no topo da literatura. Troféus e mais troféus são distribuídos aos desencantos da alma sofrida.

Alguns religiosos, afeitos às severidades da vida e protagonistas de renúncias olímpicas, não suportam que se fale em prazer, alegria, riqueza, luxo, poder da mente, fé que tudo alcança.

- E o sofrimento redentor onde é que fica? - interpelam eles, de dedo em riste.

Pensamento positivo, autoajuda, poder da mente, são atentados contra o poder de Deus e a sabedoria do Espírito Santo, na mentalidade deles. Há alguns que até avisam ao Espírito Santo o que é verdade e o que não é. Pobre do Espírito Santo, nas mãos de salteadores! Dizia um orador, muito cioso da sua sabedoria: "Como disse o Espírito Santo, e, em parte, ele tem razão..." Eu tinha, há muitos anos, um tio padre que gostava muito de iniciar o sermão citando Jesus Cristo. Certa vez, começou a falar, como de costume: "Disse Nosso Senhor Jesus Cristo..." aí ficou em dúvida se o Mestre tinha realmente falado o que ia citar, mas não perdeu a compostura e desandou com imponência: "Bom, se ele não disse, digo eu..." e lascou a frase.

Calma lá, não leve a sério o que escrevi acima. Puro jogo de palavras bombásticas. Mas, brincadeiras à parte, quero dizer que respeito as crenças, as verdades e as ofensas dos que pensam diferente.

A vida funciona assim: cada um tem seu estágio evolutivo. Não sou eu que vou apressar o rio. É sabido que diploma não encurta as orelhas, mas todos somos seres humanos, filhos de Deus, vivemos na mesma casa, esse lindo planeta, e devemos amar-nos irrestritamente, sejam quais forem as diferenças. A intolerância não faz bem a ninguém.

- Buscai a verdade – ensinava o Mestre – e ela vos libertará.

Aí está o seu caminho: siga a luz, busque a verdade, ouça os outros, medite, experimente, assim sua vida se enriquecerá.

Não se dobre como as canas de beira de rio, mas também não seja rígido como uma rocha. Esteja sempre aberto para encontrar-se com a verdade.

- Verdade? Onde está a verdade? – indagará você, preocupado.

A receita dada por Jesus é simples e fácil:

- Pelos frutos se conhece a árvore.

E o Mestre continua explicando que toda árvore boa produz frutos bons e toda árvore má produz frutos maus. Cada árvore se conhece pelo seu fruto peculiar. Com isso, ensinou que pelos frutos se conhecem as pessoas e o significado de suas ações. O que quer que você faça e aonde quer que vá, se o fruto é bom a árvore é boa, se o fruto é mau a árvore é má. Tão simples. Não demanda adormecer nos calhamaços de teologia para saber o que é bom e o que não é bom. O Nazareno facilitava a compreensão desse ensinamento exemplificando: "Não se colhem figos de abrolhos e não se vindimam uvas de espinheiros".

Sinta-se em condições de orientar-se, usando o

método do Cristo. Assim, também se sentirá livre. Estado de libertação interior é estado de paz de espírito, um dos mais prodigiosos indicativos de saúde física e mental. E eu gosto da saúde.

Não brigue, não se irrite, não critique os que não comungam com suas ideias. Assim como você tem o direito de seguir suas crenças, dê-lhes também o direito de serem o que são. Mas, examine o tipo de frutos que está colhendo. Os hospitais recebem muitas pessoas que ingeriram sem querer comidas envenenadas pensando que eram saudáveis. Parar, olhar e escutar – é aviso prudente e benéfico.

7

Como se processa a materialização do pensamento

Em julho de 2012, abordei um tema muito curioso no meu programa de televisão, na RedeVida. Era a resposta para várias pessoas que me perguntavam como funciona o poder da mente.

Um email dizia assim: *"Hoje sou muito indecisa, não sei o tamanho da minha fé, estou confusa e arrasada em dívidas..."*

Outro email buscava a essência do poder:

"Sempre acreditei que existe um poder e que ele funciona, mas tenho me questionado "como" será que funciona, qual é o mecanismo que faz a pessoa conseguir aquilo que deseja? Lógico que a primeira coisa é decidir, criar na mente, e acreditar, mas a partir desse ponto o que se segue? O senhor sabe?"

- Eu sei – foi minha resposta.

Depois de criar na mente, decidir e acreditar, o que se segue é o resultado. Se a pessoa criou o projeto, decidiu e acreditou, é só seguir em frente, que o resultado não pode falhar. A fé, sendo fé, sempre produz as obras. Se não houve o resultado, não houve fé. E fé significa acreditar.

O outro email se queixava que não sabia o tamanho da fé, pois estava arrasada e confusa.

Primeiramente quero dizer como se cria e se fortalece a fé:

1. Pelo conhecimento. Nihil vólitum nisi praecógnitum. Ninguém quer o que não conhece. O conhecimento é o caminho simples para se chegar à verdade. Se você conhece o Rio de Janeiro, pode vir um milhão de pessoas dizerem que o Rio de Janeiro não existe, que não roubarão sua certeza e nem mudarão sua ideia. Foi para demonstrar isto que escrevi os três livros sobre a fé: *A fé que remove montanhas* - *O poder da fê* - e *A fé pode tudo... Mito ou Verdade?*

Conhecimento. Leia e estude sobre a fé. É a verdade mais fantástica revelada por Jesus. Nunca tenha medo de estudar. Não fuja da verdade. Nas dúvidas, peça explicações e continue estudando, pesquisando.

Não seja maria-vai-com-as-outras. Deus lhe deu inteligência e sabedoria para poder discernir. Nem tudo que ouve é necessariamente errado e nem tudo é necessariamente verdade. Tenha autonomia e espírito crítico. Busque a verdade – disse Jesus. Não se refugie numa ideologia.

- Fé é crer firmemente na realização da sua palavra – ensinou o Mestre.

- É a firme confiança naquilo que se espera e a convicção daquilo que não se vê – escreveu o apóstolo Paulo.

2. Pela experiência. Outra maneira de ter fé e fortalecê-la é fundamentá-la na experiência, na prática, nos exemplos e nas afirmações de Jesus e dos mestres. Exemplo de experiência banal: você sabe que colocando manteiga no fogo ela derrete e pondo ovo no fogo ele endurece. Não precisa comprovar cada vez. Tem convicção absoluta. É a firme convicção daquilo que se espera. Você tem convicção de que sempre que colocar a manteiga no fogo, ela derreterá.

Mas, a consulente estava confusa e não sabia o tamanho da sua fé.

A fé é um conceito completo, fechado, definido, com medida única, com tamanho único. Ou tem fé ou não tem. Se tem, tudo acontece; se não tem, não acontece.

Não é um princípio vago, indefinido, fluídico. É simples, unívoco. Ou é ou não é. Se é fé – diz o apóstolo Tiago – produz as obras; se não é, não há obra.

Nos evangelhos, no entanto, Jesus fala em grande fé, pouca fé e falta de fé. Esta forma de classificação era para facilitar o entendimento do povo.

Diria para a senhora do email que, além de tudo que já foi dito aqui sobre a fé, ela pode exercitá-la pela insistência, pela repetição, pela mentalização, pela imaginação e pela oração.

Quando nada funciona, faça como dizia o advogado de defesa no filme O Veredicto: "Aprendi, de pequeno, na minha religião: aja como se tivesse fé e a fé lhe será dada".

Qual é o mecanismo da fé?

Que força estranha é essa que materializa o pensamento? Como ocorre a transmutação? O que é que faz a matéria encarnar-se, por assim dizer, na substância do pensamento? Há explicação para esse fenômeno? A Física Quântica diz que o pensamento não somente muda a matéria como também cria a matéria. Mas, como acontece o processo?

Lembro aqui a famosa frase de Shakespeare: "Há mais mistérios entre o céu e a terra do que supõe nossa vã filosofia".

Alexander Graham Bell, 1847-1922, inventor e fundador da Companhia Telefônica Bell, disse, certa vez: *"O que este poder é eu não posso dizer: tudo o que sei é que ele existe e fica disponível apenas quando uma pessoa está naquele estado mental em que sabe exatamente aquilo que quer e está totalmente determinada a não desistir até o encontrar".*

Contam que, um dia, uma senhora aproximou-se de Thomas Alva Edison, inventor da lâmpada e de inúmeros outros inventos, e perguntou-lhe:

- Professor, o que é a eletricidade?

- A eletricidade não se explica, minha senhora, se usa – respondeu Edison. - Use-a.

Qual é a força ou o mecanismo que faz uma minúscula semente de eucalipto transformar-se naquela enorme árvore de vinte metros de altura? E o que faz com que aquela semente produza um eucalipto e não uma cerejeira? Se o plantador de eucalipto ficasse pensando sobre o processo transformador de cada semente que planta, nunca teria um pé de eucalipto. O fundamental é saber que, introduzindo essa semente na terra, terá uma árvore de eucalipto. E será eucalipto e não laranjeira.

Quando você planta a semente mental de uma casa terá uma casa. Isso é que importa. Não conseguiu? É porque plantou outra coisa. O negativismo também é semente que produz sua árvore e seus frutos. Sempre que você duvidar, ou tiver medo, ou se desinteressar, ou descrer da possibilidade, estará plantando outra semente que, por sua vez, produzirá outro resultado.

- Mas, nem todas as sementes de eucalipto se transformam em árvore – me questionou, certa vez, um senhor.

- Boa proposição – respondi-lhe. – A semente se transforma em árvore se encontrar as condições propícias para tal. O pensamento se faz matéria se lhe forem dadas as condições necessárias: univocidade, determinação, crença, certeza, convicção, interesse e persistência. Esses são, na verdade, os atributos da fé. Onde há fé, há resultado.

Mas, como se processa a ação transformadora? Como um ato mental se faz matéria? Que tipo de energia é desencadeada? Seria uma energia inteligente? Ou uma Lei universal?

Ousaria eu explicar? Lembre a frase de Shakespeare.

É importante reconhecer que muitas coisas a gente sabe que são assim, assim acontecem, mas não se sabe como acontecem, qual é o mecanismo íntimo do processo.

Todas as Leis universais são ditadas pelo Infinito. São assim porque são assim. Para se saber a razão porque são assim e não de outra forma, talvez fosse necessário marcar entrevista com o Criador. Podemos, no entanto, constatar o seguinte:

* Tudo é energia – eis a primeira verdade.

* Toda energia é moldável – segunda verificação.

* Uma energia mais forte e mais inteligente domina e assume a energia mais fraca e menos inteligente – outra averiguação.

* A composição de duas energias diferentes pode resultar numa outra forma material ou num outro efeito – mais uma verdade. Por exemplo, duas partículas de hidrogênio somadas a uma de oxigênio transformam-se em água. E água logicamente não é apenas hidrogênio e nem apenas oxigênio.

Será que podemos deduzir algo?

O pensamento legítimo, unívoco, é energia substancial. Por uma ação íntima e poderosa de sua natureza, gera a forma, ou seja, a matéria.

Ora, a matriz e a força motriz do pensamento é a mente. Significa que a mente gera o pensamento, que gera o efeito consequente, que é a matéria configurada na forma que lhe pertence.

Continuando o raciocínio, a matéria não cria o pensamento, mas o pensamento cria a matéria.

Por que a matéria não cria pensamento? Por que este é energia mais potente e mais inteligente do que a energia pesada e rude da matéria. O pensamento faz, muda e assume a matéria. O maior assume o menor – já foi dito.

A mente pode inclusive recolher de qualquer fonte material existente a energia a ser materializada. No fenômeno da bilocação – ainda que mal comparando - uma pessoa, em certas circunstâncias, pode estar ao mesmo tempo em dois lugares, só que a inteligência vital está no lugar onde a pessoa se manifesta. Mas, essa energia que faz a forma da pessoa no segundo lugar, de onde foi extraída?

Jesus foi incomparável. Multiplicou pães e peixes, restituiu a visão aos cegos, refez o corpo de leprosos, mandou as ondas do mar e os ventos se acalmarem e até fez mortos voltarem à vida. Tudo bem, mas o mais fantástico é que ele disse que tudo o que ele fazia qualquer pessoa podia fazer. Pense nisso e acredite que você consegue.

Milagre é conseguir o impossível

Blaise Pascal, século XVII, matemático, físico e filósofo, convertido ao cristianismo exatamente pelos milagres que observou, estudou, e aos quais dedicou amplas páginas, concluiu: "O milagre é um efeito que excede a força natural dos meios que se empregam". E ele avisa que não é necessário conhecer todos os recursos da natureza para saber que com um pouco de saliva não se cura um cego de nascença e que com uma simples palavra não se faz sair do sepulcro um cadáver.

Tenho a dizer que realmente a saliva não possui a propriedade de curar um cego de nascença, pois a saliva não contém energia inteligente e nem poderosa. Mas a saliva de Jesus continha a energia inteligente e poderosa de Jesus, que operou a cura. Noutras vezes, Jesus transmitiu sua força através do pensamento expressado por palavras: "Seja feito conforme a tua fé".

No milagre, é sempre desencadeada uma força superior capaz de operar a transformação desejada.

Pascal disse que o milagre é um efeito que excede a força natural dos meios que se empregam. Acontece que a oração atrai o seu conteúdo e o conteúdo da oração milagrosa é a energia divina. Ora, não há força maior do que a energia divina, aquela mesma energia superior que criou o universo e o faz movimentar-se em motu perene.

No milagre, ocorre a soma da força natural com a força sobrenatural e a junção de ambas excede infinitamente a força apenas natural, de que falava Pascal.

A força, o poder, a energia transformadora, existem em Deus e no ser humano. Deus é o Um e Deus e a criatura humana formam o Uno.

Perguntaram-me, numa entrevista de televisão, em Barcelona, qual era a chave do maior segredo do mundo. Respondi em dois lances: o maior segredo é a existência de poder ilimitado no ser humano. E a chave do segredo é o pensamento unívoco, verdadeiro, acreditado, que aciona o poder. Tudo tão simples. Se você tomou conhecimento da Lei da Atração, lembrará que trazemos para nossa vida o que pensamos e acreditamos.

8

A força irresistível do entusiasmo

Talvez você não esteja muito convencido de que pode conseguir a realização dos seus desejos.

Deixe-me reforçar suas certezas.

Lembre o poder da fé, tão acentuado e explicado nessa obra.

Recorde também que o pensamento é seu ato criador, o qual necessariamente atrai a forma correspondente à sua substância. A semente da palavra produz a árvore que lhe corresponde. Saber o que quer é fundamental, porque direciona para um só foco as energias criadoras.

Mas, agora, preciso falar-lhe sobre o fator primordial do sucesso. Chama-se entusiasmo.

Entusiasmo, que energia fantástica, sublime, poderosa, dominadora!

Onde existe entusiasmo existe sucesso.

O entusiasmo é o explosivo da fé, o propulsor maior da ação.

Conhecimento é importante, convicção é necessária, crença é luz, mas só o entusiasmo conduz à vitória.

Tempo atrás, li esta frase: Sem entusiasmo, a verdade não conquista vitória.

O entusiasmo motiva, leva a pessoa e a tarefa à frente, torna a atividade incansável, produz a energia que faz chegar à conclusão da obra.

O entusiasmo aglomera multidões e fascina seguidores.

Num almoço em que participavam vários padres, lá pelas tantas o promotor de vocações sacerdotais falou da dificuldade de conseguir candidatos nos dias atuais e concluiu dizendo que não sabia a solução.

- Eu sei – tomei a palavra.

O padre ficou surpreso e perguntou-me qual era o caminho para conseguir interessados ao sacerdócio.

Fiz-lhe ver que o método usado normalmente de convencer ao sacerdócio eram as necessidades da Igreja, a carência de sacerdotes, o espírito de oração, o apostolado, a palavra do papa, a convocação do Fundador da Instituição, a missa, a salvação, o canto, coisas assim. Faltava o essencial: entusiasmar o jovem. Sem motivação que leve ao entusiasmo, nada feito. Por que o jovem deixará sua casa, sua namorada, seu projeto de vida, sua busca de sucesso e riqueza na sociedade? Só mesmo se for incendiado por um ideal, por uma bandeira encravada no seu coração ardente. Isso se chama entusiasmo.

Convocar jovens para servir a Igreja, que coisa mais insossa para a juventude de hoje. A palavra Igreja motiva? Seja sincero e responda.

É preciso fogo, motivação, mostrar a grandeza do sonho de Jesus e fazê-lo acreditar que estará seguindo os ideais não de Tche Guevara, ou de um bolivariano, ou de um partido político, ou de um time de futebol, de um Gandhi, mas do maior líder, revolucionário, sábio, psicólogo, empreendedor, conquistador de seguidores. Estará levantando a bandeira daquele que quis fundar um reino nesta terra onde tudo fosse amor, felicidade, abundância e fraternidade. Estará seguindo as pegadas de um Ser que se prontificou a dar a vida pelo seu reino, a que ele chamou de Reino dos Céus aqui neste planeta.

Quando terminei de falar, meu amigo vocacionador e os demais sacerdotes silenciaram por instantes.

Entusiasmo, meu amigo, minha amiga!

Sua vida chegará até os limites do seu entusiasmo. Apenas até os limites do entusiasmo.

Entusiasmo é palavra de origem grega, composta de en=dentro e Theós = Deus. Estupendo: Deus dentro de você. A energia divina e humana somando-se na conquista de um objetivo. Não há barreira que obstrua o caminho trilhado por um coração entusiasmado.

Se você está entusiasmado pelo seu casamento, pela obtenção da sua casa, pela criação da sua indústria, por uma viagem ao redor do mundo, pode ter certeza que conseguirá.

O entusiasmo é companheiro inseparável do êxito.

A exuberância vital de uma pessoa entusiasmada é tão grande que é capaz de esperar contra toda esperança e, mais do que isso, é capaz de transformar a desesperança em resultado positivo.

A própria fama, sem entusiasmo, não tem longa vida.

A beleza, sem entusiasmo, é pintura fria.

A riqueza, sem entusiasmo, é matéria inerte.

A religião, sem entusiasmo, é código de obrigações.

Daniel Guggenheim era um homem riquíssimo, bem-sucedido, chamado, nos EUA, de "rei das minas".

Perguntaram-lhe:

- Qual foi o segredo do seu sucesso?

Respondeu ele:

- O entusiasmo com que sempre trabalhei, o espírito de otimismo e confiança que infundi no meu trabalho.

Orison Swett Marden, 1850-1924, escritor ligado ao Movimento Pensamento Novo, médico, escreveu: "Não é preciso perguntar a um homem se gosta da profissão que exerce, porque ele manifestará esse prazer no semblante e no espírito de ilimitado entusiasmo que puser na sua obra. Se gostar dela, um gozo íntimo resplandecerá em todo seu ser".

Por essas declarações, você chega à compreensão de que seu entusiasmo é condição básica de sucesso.

O teste da profissão certa

Às vezes, os jovens não sabem o que querem e não identificam a carreira que pretendem na Universidade.

Se você é um desses indecisos, concentre-se, relaxe, e deixe desfilarem na sua mente as situações e atividades que lhe deram e lhe dão alegria e prazer. Escute seu coração para perceber em que momentos e acontecimentos teve sensações de entusiasmo. Siga por aí, que esse é o caminho da escolha.

Há jovens que fazem dois ou três cursos antes de acertar o caminho. Aprender é bom, mas nesse caso estão perdendo tempo e dinheiro.

Se você fizer uma pesquisa nas universidades, descobrirá jovens que foram convencidos por um amigo ou amiga a estudarem juntos uma disciplina; ou estão atendendo ao desejo dos pais para determinada profissão; ou, então, imaginam que tal carreira lhes trará mais dinheiro e sucesso. Há inclusive os que se decidem pela disciplina que oferece mais vagas na universidade. Não raro, veem-se estudantes que preferem a profissão mais solicitada na sua cidade de origem.

Esse tipo de escolha não é bom porque não é feita de dentro para fora, mas de fora para dentro. Você sabe que entusiasmo é fator primordial e essa maneira de escolher o futuro é de fora para dentro. O risco de não dar certo é grande.

Lembre-se que, se você for trabalhar em atividade que detesta, será devorado pelo estresse, e as consequências não serão nada agradáveis.

O sucesso da profissão

A escolha ideal é aquela movida pelo entusiasmo. Busque a via do seu agrado. Faça o percurso que leva você à atividade que gosta. Aí está a chave do sucesso profissional. Você sabe que quando estuda o que mais aprecia e segue a carreira da sua predileção, tudo correrá satisfatoriamente. No caso, seu trabalho será prazeroso. Nada melhor do que a cada dia abençoar o amanhecer porque o conduzirá ao lugar onde se sentirá maravilhosamente bem.

Walt Disney aconselhava: "Primeiramente encontre algo que você goste tanto de fazer que não se importaria de fazê-lo sem receber nada por isso; aprenda então a fazê-lo tão bem que as pessoas se sintam felizes em lhe pagar para que o faça".

Isto se chama entusiasmo.

Um dia, li uma entrevista do famoso artista Tom Cruise. A certa altura, disse ele:

"Em todas as áreas da vida, sempre esperei muito de mim mesmo, independente do que me pagam, e o fato de a vida nunca ser perfeita, completa, apenas deve estimular nosso sentido de aventura".

Note que se ele dava tudo de si, independente do que lhe pagavam, que significa isso? – Gostar do que faz e acreditar no que faz.

Lembre-se: com entusiasmo, você consegue.

9

Como conseguir mais rápido

Quando você está ansioso por conseguir algo, saiba que essa atitude mental pode ser contraproducente, porque a ansiedade gera desvio de energia e enfraquece sua força interior. A fé é exatamente o contrário: traz calma, segurança e certeza de que assim é e assim será. Mas, ninguém é perfeito e talvez agora você esteja ansioso por um objetivo necessário, urgente, importante e improrrogável. Então, não dorme, não consegue se concentrar, o medo mina sua fé, apela para os santos, mas acha que eles não compreendem sua pressa.

Acalme-se

Diz o ditado que o apressado come cru.

A sabedoria fala que a pressa é inimiga da perfeição.

A pressa é impaciente e despreza a prudência e o raciocínio. Jogador de futebol apressado erra os passes e os chutes.

Rapidez é outra coisa: é saber a solução e dirigir-se a ela sem perda de tempo, ou melhor, ganhando todo o tempo possível.

O apressado sempre acha que não vai chegar a tempo, que não tem tempo. Acha que a sua meta é grande demais de tal forma que deve correr e correr e correr. Resultado: acaba morrendo na praia.

A pressa também revela falta de previsão, erro de cálculo, decisão tardia, desvio inicial de foco. La Fontaine escreveu: "Não serve de nada correr, é preciso partir a tempo".

Heródoto, 485-420AC, foi um geógrafo e historiador grego. Veja o que disse ele: "A pressa gera erro em todas as coisas".

Pois bem, a primeira lição da pressa é aprender que devia ter-se alertado antes que a urgência acontecesse, pois tudo que deve ser feito às pressas, em cima da perna, como se dizia antigamente, gera ansiedade, dúvida, tensão exagerada e medo. Ora, esse estado mental é o oposto ao que aciona o poder interior.

Mas, não se assuste, tudo tem solução. Há um jeito simples de combater a pressa e a ansiedade, e colocá-lo em condições de desencadear o poder interior para alcançar, em tempo, o seu objetivo.

Ainda preocupado?

Pode ser que, nessa confusão mental, você ande tão atarantado que tenha perdido o rumo. Já encontrei pessoas tão aflitas e perturbadas que não conseguiam firmar um raciocínio, muito menos analisar a situação. Só sabiam exclamar: Ah, meu Deus! Ah, meu Deus!

Calma, criatura de Deus! Vá tomar uma ducha de água fria, vá rachar lenha, como dizia um humorista, vá brincar com o cachorrinho, vá rezar um rosário, vá pescar. Não tome decisões sob pressão, é erro na certa.

Diz um ditado gaúcho que a maneira mais rápida de se tocar uma boiada é devagar.

O Mestre já falava há dois mil anos: "Bem-aventurados os calmos porque eles possuirão a Terra".

Uma maneira de se acalmar é entrar numa igreja e rezar, ou ficar contemplando os vitrais. Outra maneira é ouvir música suave. Inicialmente, pode até colocar música mais sintonizada com seu estresse, mas logo se deixe envolver pela suavidade de uma música agradável e terna.

Relaxe

Há uma forma muito comum de se acalmar: o relaxamento. Encontre uma posição confortável, solte-se bem, e respire calma e profundamente várias vezes. Esse método obriga os pulmões a entrarem no seu ritmo, acabando com a agitação. A mente e o cérebro comandam os órgãos e estes obedecem. Enquanto estiver nervoso, agitado, irritado, continue respirando lentamente.

Agora, percorra mentalmente cada parte do corpo e diga intimamente: Relaxe! Repita devagar: Relaxe!

Em pouco tempo sua mente começa a clarear. Isso é ótimo.

A quem apelar

Agora que você conseguiu acalmar a mente - as ideias e o raciocínio começam a ajudá-lo a encontrar a solução. Mesmo assim, pode ser que a mente consciente, que é a mente objetiva, racional, analítica, por mais que procure uma saída, não a esteja encontrando. Muitos, então, desistem. Não sabem que a mente consciente é uma pequena parcela do todo da mente. Se essa dimensão consciente não vê solução, não quer dizer que não exista solução. Anote aí, meu desesperado: não significa que não há solução. E não significa que você fez tudo que podia ter feito. Nem chegou ao ponto principal. Desistir é ignorância.

O poder

Falta chegar à outra dimensão da mente: a mente subconsciente. Se fôssemos calcular grosseiramente, o subconsciente é mais de oitenta por cento do todo mental. E é aí que reside o poder e a sabedoria. Se quiser a linguagem de Jesus: Aí é o hábitat do Pai, que tudo alcança. Aí reside o Altíssimo, segundo o apóstolo Paulo. Aí está o Deus que nos faz saber que receberemos o que pedimos – como escreveu o apóstolo João.

Você ainda não chegou a essa dimensão e já está desanimando? Muita gente se desespera quando está a um palmo do alcance. Alguns até se suicidam, sem saber que estavam a um metro da praia.

Quando se conhece essa dimensão mental, descobre-se o poder, a sabedoria, a felicidade, a abundância, a solução de tudo. Com certeza, o Mestre acenava para essa verdade quando disse: "Quanto ao poder, quem tem fé tudo pode".

Porque o seu caso tem solução

Se ainda não está satisfeito com as explicações recebidas, permita que lhe revele uma verdade fundamental: Tudo que seu subconsciente aceita como verdade, executa. Oba, isso é fantástico!

Para que você entenda o que estou dizendo, vou detalhar mais: a mente consciente cria através do pensamento. Isso você já viu e ouviu muitas vezes. Não é por nada que se fala tanto em pensamento positivo para que aconteçam as coisas positivas. Se você analisar a sua vida, verá que ela é resultado do que tem pensado.

O pensamento é seu ato criador. Portanto, a primeira coisa a fazer para modificar sua situação é mudar os pensamentos, pois esses que hoje dominam a sua mente são a causa da sua história atual.

Seu caso, como você disse antes, é grave, urgente, importante, necessário e improrrogável. Tudo bem, mas essa análise tem a ver com o passado, com o acontecido.

O passo a seguir é determinar o que quer que aconteça. Sim, agora crie a solução. Imaginar e visualizar a solução é muito simples, basta responder a essa pergunta:

Como eu quero que seja?

Ponha detalhes, clarifique bem a solução e imagine que já está de posse da solução. Por enquanto, não se preocupe como vai chegar ao desiderato. Apenas imagine tudo resolvido e você muito feliz.

O poder executivo da vida

Está desconfiado de que não é assim que a vida funciona?

Tem razão, pois ainda falta lhe explicar o principal. Apenas falei da imaginação, que é o exercício da mente consciente.

Falta falar-lhe sobre a mente subconsciente: esta é subjetiva, impessoal, não seletiva, não analítica, universal, poderosa. Quem materializa a ordem do pensamento é o subconsciente. Este não discute ordens, não analisa pensamentos, não avalia o certo e o errado, nem o que traz vantagens ou prejuízos. Isso é função da mente consciente. Ao subconsciente pertence apenas cumprir as ordens que recebe da mente consciente.

- Quais são os pensamentos que o subconsciente executa?

- Todos os pensamentos que você os tem como verdadeiros.

Tudo que você deve fazer é criar pensamentos ou imagens daquilo que pretende que aconteça na sua vida e aceitá-los como verdade sua. Não é necessário que sejam verdade universal. Devem ser sua verdade individual, isto sim. Suas crenças, por exemplo, são suas verdades individuais. Aceitar como verdade chama-se fé.

Disse Jesus: Fé é crer firmemente na realização da sua palavra.

Hora de agir

Até aqui, você aprendeu importantes verdades. Mas, ainda está com a corda no pescoço, como se diz. Seu caso continua sério, urgente e improrrogável. Tudo bem.

O que eu coloquei até esse momento, teve a finalidade de dizer-lhe:

- Acalme-se, que seu caso tem solução.

O passo decisivo

Você quer conseguir seu objetivo, mas ainda não entendeu bem por onde começar. É isso?

Vou ensinar-lhe um caminho raro só usado por quem conhece os segredos da mente.

O caminho é para dentro. Sim, o caminho é para dentro. O segredo é alcançar as profundezas da sua mente, atingir a dimensão mais alta, mais sábia e mais poderosa. Já lhe falei sobre isso.

Sua pergunta, já sei, é esta:

- Como chegar lá?

Já ouviu falar em nível alfa? Já lhe disseram que

Jesus um dia revelou que tudo que for pedido em estado de oração, se alcança? Lembra que o poder existe nas profundezas do seu subconsciente?

- Tudo bem – dirá você com certa impaciência – mas como chegar lá?

Os gurus, os pensadores, os sábios, os santos, os inventores dos tempos antigos, os grandes músicos e artistas de renome, chegavam ao nível alfa ao natural. Já era seu modo de vida. Alguns até se concentravam tanto que esqueciam as outras realidades. Houve um cientista que esqueceu o dia do casamento. Outro colocou na frigideira o relógio de bolso ao invés de depositar o ovo que queria fritar. Jaziam mergulhados nas suas dimensões mais profundas, de onde extraíam o conhecimento. Muitos santos se envolviam tanto nas dimensões do espírito que levitavam, curavam, protagonizavam milagres.

Sabe o que acontece com a maioria das pessoas? Elas não imaginam que existe essa possibilidade. Vivem apenas no submundo da matéria e esta é pesada demais para produzir novas realidades.

O segredo que quero revelar-lhe aqui é mostrar-lhe que o mapa da mina está dentro.

A humanidade busca tudo lá fora, a mina está dentro.

As pessoas se esforçam duramente para encontrar a cura e as soluções fora, mas a mina está dentro.

Você não conseguiu seu objetivo até agora porque só enxerga o mundo de fora, mas o poder está dentro.

Já estou vendo que sua paciência está se esgotando:

- Sim, sim, mas como chegar lá?

Há vários caminhos, por exemplo, pela meditação, pela oração profunda, pela contemplação imaginativa, pela repetição.

O caminho

Sim, quero oferecer-lhe o caminho mais simples, mais fácil, mais ao alcance do comum dos mortais: o relaxamento. Não se decepcione: é esse mesmo. Já explico.

Pelo relaxamento, você acalma o corpo, enxuga a adrenalina, libera hormônios de paz. Pelo relaxamento, você entra em contato com cada parte do corpo, dando ordem para se harmonizarem. Enquanto se dedica a esse ritual, o corpo vai descongestionando e entrando em ritmo saudável.

Feito esse ritual, entre pela via interior e faça contato com a mente. Esta precisa estar serena, límpida, positiva, receptiva. Para facilitar, mande embora mentalmente, com a singeleza da criança, a tristeza, o desânimo, a raiva, os medos, os traumas e complexos, as experiências negativas do passado, os fracassos, as decepções, as ansiedades, as angústias, os sofrimentos, as doenças, as dívidas, as carências, as dificuldades; enfim, tudo que de negativo surgir na memória, jogue fora. Queime mentalmente. Faça um fogo mental e vá jogando nele todas as dificuldades, problemas e sofrimentos, vendo se esvaírem em fumaça e desaparecerem. O ritual impressiona o subconsciente.

Vou deixar uma pausa para que você faça assim.

(...)

Agora imagine sua mente límpida como as águas das fontes cristalinas, positiva, otimista, tranquila, leve.

Pausa.

Muito bem. Penetre, a seguir, no seu coração afetivo, sede dos seus sentimentos e emoções. Puxa vida, há muitas coisas a jogar fora: o desamor, as mágoas, os ressentimentos, os ódios e rancores, o não-perdão, os desafetos, as brigas de casamento, os relacionamentos sofridos, as uniões dolorosas, as chantagens emocionais, os mal-entendidos, os ciúmes, as desconfianças, a frieza interior.

Talvez aqui você perca o entusiasmo. Pelo contrário, essa atitude é fonte de enorme motivação, pois você percebeu a necessidade urgente de desencascurrar seu universo interior, tão enfraquecido por esse lixo. Você não faz esse tipo de trabalho na sua casa? Ou deixa o lixo apodrecer na cozinha, nas salas, nos quartos, nos armários, no pátio?

Se a sua mente e o seu coração ficarem atopetados dessa sujeirada, como poderá chegar lá?

Outra pergunta que não quer calar: há alguma

vantagem em você deixar essa desgraceira na sua mente e no seu coração? Além de impedir o exercício do seu poder, vai contaminar o corpo, pois a vida do corpo é a mente.

Há outra consideração, que cabe aqui. Certa vez, o Mestre disse: "Se, por conseguinte, estiveres ante o altar para apresentar tua oferenda e te lembrares de que teu irmão tem queixa de ti, deixa a tua oferenda ao pé do altar e vai reconciliar-te primeiro com teu irmão; e depois vem oferecer o teu sacrifício". Por certo, ele queria avisar que, se o coração estiver bloqueado, a oferenda não chega ao Altíssimo que habita o templo interior. É mais uma razão para você jogar fora mentalmente tudo que traz perturbação e negativismo. É claro que a reconciliação feita mentalmente não necessita a presença do desafeto.

Concentre-se e faça uma varredura no seu coração.

Pausa.

Ótimo. Tenho certeza de que você está deixando sua mente límpida e seu coração inundado de amor. Sim, seu coração agora é todo amor. E o amor produz não só energia mental e espiritual como também energia física.

- O amor, que movimenta o sol e todas as estrelas – dizia Dante Alighieri.

Momento iluminado

Agora estão acontecendo dois fenômenos em

você: primeiro, abriu o caminho que leva ao seu mundo interior; segundo, chegou à Sabedoria e ao Poder. Ou, se quiser usar a linguagem espiritual, chegou ao Pai que habita seu secreto e que atende a qualquer pedido.

Pronto, eis a sua vez de conseguir aquilo que significa sua necessidade urgente, importante e improrrogável.

A sua palavra interior nesse momento tem o poder do milagre. Acredite. Sua fé está acesa.

Fé – na definição do apóstolo Paulo – é a firme confiança daquilo que se espera e a convicção daquilo que não se vê.

Ou melhor, fé é a posse antecipada daquilo que se deseja ou precisa.

O poder da imaginação

Pela imaginação você toma posse daquilo que quer conseguir.

O bispo anglicano John Taylor escreveu: "A imaginação e a fé são a mesma coisa, elas conferem substância a nossas esperanças e realidade ao que é invisível". Nem necessita comentário, não é mesmo?

A famosa atriz, cantora e cineasta Barbra Streisand, numa entrevista para a televisão, no dia 20 de agosto de 2005, disse: "A imaginação e a convicção criam a realidade. A percepção cria a realidade".

William Blake, Londres, 1757- 1827, era poeta, tipógrafo e pintor inglês, cuja obra ficou definida como "pintura fantástica". Viveu num período marcado pelo Iluminismo e pela Revolução Industrial na Inglaterra. Escreveu ele: "O que hoje é comprovadamente verdadeiro foi uma vez apenas imaginado".

Imaginar é exercer o ato criador. Convido você a concentrar-se e a imaginar o que deseja conseguir. Faça um quadro mental, visualizando como já realizada sua necessidade urgente, importante e improrrogável. Não se preocupe como vai acontecer, que isso pertence à Sabedoria Infinita e ao Poder imanente. O "como" pertence a Deus e ao universo. Brinque de imaginar. Veja, no íntimo da sua mente, seu desejo já acontecido. Não seja incrédulo. Não seja São Tomé, o apóstolo que disse que só acreditaria na ressurreição de Jesus vendo-o na sua frente e podendo tocar com seu dedo na chaga do peito.

Retire os olhos da leitura e relaxe mais uma vez. Chegue ao seu mundo interior, onde reina a paz de espírito, e imagine seu caso resolvido, tudo solucionado, e você muito feliz da vida.

Saiba que tudo que criar na mente e acreditar, torna-se realidade física. Vamos, use a imaginação. Essa é uma qualidade divina, pois foi usada por Deus quando fez a criatura humana à sua imagem. Atenção, imagine com clareza. Ponha detalhes. Contemple a solução perfeita. Por fim, veja as pessoas felicitando você por ter conseguido. Alegre-se. Vibre.

Sabe por que é importante usar a imaginação? Não sei se já expliquei, mas é porque o subconsciente

– o poder executivo – não distingue entre imagem e realidade. Imagem e realidade são a mesma coisa no seu universo interno. O subconsciente, então, materializa a imagem para que se manifeste no mundo exterior.

Faça assim.

Uma vez realizado seu desejo mentalmente, agradeça, pois todas as coisas estão prontas quando a mente o está.

10

A fortuna à sua espera

Quero começar colocando diante dos seus olhos duas palavras:

Riqueza - Pobreza

Qual foi a sua sensação imediata? Que imagens povoaram sua mente ao olhar as duas palavras?

Teve alguma reação psicológica? Sua religião lhe inspirou algo sobre riqueza e sobre a pobreza?

Preste bem atenção: para onde pender a sua crença, para lá penderá a sua vida.

Conheci um senhor que queria riqueza, mas a crença religiosa o empurrava para a pobreza, pois aprendera que pobreza era virtude, estado de libertação interior, sintoma de santidade. Sua mente estava impregnada de crenças sobre desapego material. Mas, achava necessário ter riqueza. Vivia em conflito.

Pobreza não é nenhuma virtude, mas apenas situação emergencial ou ideologia existencial.

Pobreza e riqueza têm a ver com o mundo material; santidade é estado mental. Podem conviver harmoniosamente. Existem santos ricos e santos pobres. Os caminhos da vida são opcionais e não únicos.

Jesus avisou: "Vim para que tenhais vida e vida em abundância". E ensinou sem meias palavras e sem restrições: "Pedi e recebereis, porque todo aquele que pede recebe".

Viver o espírito de desapego sendo pobre, qual é o mérito? Espiritualidade é viver o espírito de desapego sendo rico e próspero.

Mas, deixe-me explicar-lhe algo muito importante: espírito de desapego não é o mesmo que desapego material.

Desapego espiritual é ter o mundo material desejado, mas não permitir que a matéria penetre o coração, pois o hábitat do coração é o amor, a felicidade, a paz de espírito.

O mundo material é bom, porque faz parte da criação de Deus e é necessário para a vida humana. Porém, ele deve ficar no seu lugar próprio. Erram aqueles que o colocam no coração. Esses terão coração de pedra. Coração de matéria não tem sensibilidade, nem harmonia, nem equilíbrio e é capaz de tudo.

Outro senhor de São Paulo me dizia que a bênção de Deus pairava nos pobres, porque sofriam resignados e mereciam a graça divina e o céu como recompensa.

Generalização é péssima conselheira. Há pobres resignados e há pobres sem um mínimo de resignação, que ficam assaltando e matando por aí.

Certo dia, encontrei um padre que combatia a riqueza porque lhe significava ambição desmedida, avareza, luxúria, injustiça e soberba; e fazia apologia da pobreza, que, para ele, era símbolo de simplicidade, desapego, piedade e santidade.

Você pode rir, mas tem gente, muita gente, com essa ideologia tão atrasada. Esse modo de pensar não tem nada a ver com a verdade, mas com uma ideologia deturpada e descabida.

Pense bem: ambição, injustiça, avareza, orgulho, luxúria, cabem tanto no saco da riqueza quanto no saco da pobreza, como também na vida sacerdotal. A generalização é fruto de certas ideologias equivocadas. Quem não conhece pobres ambiciosos, injustos, ladrões, assassinos, orgulhosos, estupradores, avarentos? Não podem existir religiosos com esses mesmos problemas e desvios mentais?

Dizem certos estudiosos que essa ascese de valorização da pobreza, como virtude cristã, veio das classes que queriam manter o povo na pobreza e na carência. Não acredito muito nessa teoria.

Religião: pobreza e riqueza

Tem gente que acha que deturpo a religião abençoando a riqueza. E apelam para a bem-aventurança de Jesus: "Bem-aventurados os pobres porque deles é o reino dos céus". Esta afirmação consta no evangelho de Lucas. Mas, também consta no evangelho de Mateus que Jesus falou diferente do que registrou Lucas, que, por sinal, não era do grupo dos doze. Segundo Mateus, Jesus disse: "Bem-aventurados os pobres pelo espírito porque deles é o reino dos céus". Esse é o legítimo texto. O outro cometeria a insanidade de supor que pelo simples fato de alguém ser pobre já seria bem-aventurado e herdeiro do reino dos céus. Sendo pobre seria o suficiente, mesmo que fosse ladrão, assaltante, estuprador, assassino e injusto.

Por outro lado, denigrem a religião os que pregam a pobreza, porque estão atentando contra Deus, o Pai Criador das riquezas do universo; contra Jesus, que disse "Vim para que tenhais vida e vida em abundância"; contra os grandes patriarcas do Antigo Testamento que eram ricos; e contra muitos santos que eram ricos.

Acabe com seus escrúpulos e preconceitos, pouco importa se tenham vindo de crenças da infância ou de pregações religiosas.

A bíblia

Já que você segue as pegadas bíblicas, vou citar aqui:

"Que Javé te dê o que teu coração deseja e realize todos os teus projetos". (Sl 20,5)

"Que Javé realize todos os teus pedidos!" (Sl

20,6)

"A bênção do Senhor dá a riqueza e não a faz seguir de sofrimento". (Provérbios, 10,22)

"Então, o Onipotente será a tua defesa e terás abundância de prata".(Jó, 22:2)

Por falar em Jó, depois das desgraças que caíram sobre ele, entrou em prosperidade e teve 14.000 ovelhas, 6.000 camelos, mil jumentos e mil juntas de bois.

Para Salomão, que pedira apenas sabedoria, Javé deu-lhe também por acréscimo, riqueza, honras e glórias.

Riqueza ao seu alcance

Sua riqueza sempre terá o tamanho do seu pensamento e será limitada à dimensão do seu desejo.

Foi por isso que tentei libertar você de crenças negativas sobre riqueza.

Se você diz: "Quero ter riquezas, mas não posso tê-las", o que vai acontecer? Não as terá. É o mesmo que dizer: "Quero, mas não consigo".

Não fique indeciso em relação ao dinheiro e aos bens materiais, porque eles também ficarão indecisos em relação a você.

Se chega diante do portal da mina e ficar indeciso sem saber se bate ou não bate, se abre ou não abre, a porta não abrirá.

Jesus foi claro:

- Batei e abrir-se-vos-á!

É preciso bater. E entrar.

Limpe a sua mente e mergulhe-a na abundância do universo.

Como filho e filha de Deus, você herdou as riquezas do universo. Não precisa brigar para adquirir a sua parte. Seu pedido é uma ordem, que deve ser obedecida.

Viva em paz, passe seus dias à sombra da serenidade, e deixe-se conduzir pela bondade do Infinito, que tem as mãos abertas para derramar as bênçãos da riqueza na sua vida.

Mas, é bom lembrar, o dar depende do pedir – foi o que ensinou o Mestre. Determine o que quer e peça decididamente, com fé inquebrantável.

Use a imaginação, volto a repetir. Sinta-se independente financeiramente. Imagine-se com dinheiro à vontade para sua autorrealização.

Não entre em correntes contrárias à prosperidade, não acuse os ricos, pois assim estará afastando a riqueza que despreza nos outros.

Lembre-se que os bens deste mundo não foram feitos para alguns privilegiados e sortudos. Deus não é Pai só de alguns.

Os direitos de uns são direitos de todos, pois o Criador é justo e amável. Então, por que há tanta diferença no mundo?

A diferença está em que uns pensam que têm direito apenas a uma vida de salário mínimo e outros acreditam que têm direito a tudo o que quiserem. E há os que pensam que têm direito, mas não conseguem por si mesmos, enquanto outros têm convicção que pessoalmente alcançam a realização dos seus sonhos. Significa que Deus dá tudo a todos desde que peçam. Deus é a resposta individual. Deus responde e corresponde apenas ao pedido que lhe é endereçado. Se ele desse tudo a todos independente do pedido individual, estaria ferindo o dom da liberdade de escolha que concedeu ao ser humano. Se ele desse tudo a todos indistintamente, alguém poderia se queixar a Deus: "Meu Deus, por que me deste uma casa? Por favor, eu quero viver numa caverna, não me atrapalhe!"

Acredite que chega lá

Abençoe cada real que for acrescentado ao seu quinhão financeiro. Um real não é apenas um real, é um real mais próximo da sua meta.

Faça o dinheiro fluir para sua casa. Visualize o dinheiro jorrando como a água da torneira e você o abençoando e abençoando tudo que vai adquirir com ele.

"A alma que abençoa prosperará e o que rega será também regado". (Prov 11,25). Eis aí uma maneira bonita de falar sobre a Lei do Retorno: Se abençoa, será abençoado; se rega, será regado.

Pense no dinheiro como generosidade e benignidade de Deus.

Quando você pede, o Criador lhe entrega e diz:

- Ei-lo, vá e faça a sua vida!

Tenho certeza de que agora você vê, sente e imagina o dinheiro como extensão da bondade de Deus.

Talvez se imagine velho demais para aspirar à posse de alguns bens materiais. Nem pense nisso. Não ponha limites à bondade e generosidade de Deus. De mais a mais, o universo continua jorrando riquezas infindas para quem quiser abrir as mãos.

Não acredita na bondade de Deus? Se não confia na generosidade divina, também não crê em Deus.

O prazer de um pai e de uma mãe é ver o filho, a filha, passando bem, tendo conforto, abundância, saúde e sendo feliz. Será que Deus é menos do que seu pai e sua mãe? Por favor!

Evite ser fiador

Cansei de ouvir pessoas desiludidas e até desesperadas, porque avalizaram contas de amigos, foram fiadores de parentes, fizeram ato solidário para uma pessoa necessitada e tiveram que arcar com a bomba da dívida.

Sabe qual é a consequência do seu aval?

- Perderá o dinheiro e o amigo, e ganhará uma contenda e um estresse sem fim.

Não seja fiador nem de seu pai nem de seus irmãos e nem de seus filhos. Ajude-os a encontrarem outro caminho, porque essa é a via da infelicidade.

- Ah, mas me garantiu que era só por uns tempos, logo, logo ele pagaria a dívida assumida!

Meu amigo, minha amiga, na hora de pedir quem é que não promete tudo e mais alguma coisa?

Tem gente que empresta até o dinheiro que lhe será necessário dentro de um mês. Basta não haver devolução e a desgraça na casa está feita. Pois, têm pessoas que agem dessa maneira. Lembre-se do velho axioma: “O inferno está cheio de promessas”.

Exagerei?

Talvez você tenha achado duras minhas palavras. E alega que há gente honesta nesse mundo, principalmente na própria família. Concordo plenamente. Só que os imprevistos independem de honestidade. Se o negócio com o outro falhar, ou atrasar, ou se desandar um ciclone, aí como é que ficará o seu caso?

Quando adquiri as terras do Parque Oásis, paguei três quotas grandes iniciais e depois consegui dividir o restante do débito em dois anos, em prestações fixas. Mas, que garantia teria o vendedor, homem de idade, sem um aval? Eu não faço e não peço aval a ninguém. Então, como resolver? O homem precisava de garantias, sem dúvida. Propus o seguinte: Se eu atrasasse as prestações por dois meses ele poderia reaver as terras e ficar com todo o dinheiro que já lhe havia pago. Quem não aceita uma garantia dessas, assinada em documento? E não incomodei ninguém.

Estou falando de transações comuns, não é o caso das grandes empresas que têm seus métodos de conseguir empréstimos bancários. Aí é outro departamento, não entro nesse mérito.

Conselhos bíblicos

É provável que você não dê a mínima para as ideias bíblicas, até porque nos vêm de milênios passados e hoje o mundo é outro. Muito bem, mas pode-se colher pérolas de sabedoria nos livros sagrados.

Nem que seja por curiosidade, veja o que diz a Bíblia sobre aval e empréstimos:

"É falto de juízo quem aperta a mão, ficando como fiador do vizinho". Prov 17,18.

***

"Há amigos que levam à ruína, e há amigos mais queridos que um irmão". Prov 18,24.

***

"Ao fiador de um estranho tiram-lhe a roupa e fica empenhado por um desconhecido". Prov 20, 16.

***

"Parece doce o pão da fraude, mas depois a boca fica cheia de areia". Prov 20, 17

***

"Fazer tesouros com a língua falsa é vaidade fugitiva de quem procura a morte". Prov 21. 6.

11

Não há experiência nefasta

Conheço pessoas que, quando começam a contar episódios da vida, descem de imediato aos porões da memória e trazem à tona fatos sofridos, dolorosos, fracassados. Parece que sentem certo prazer escuso de impressionar os ouvintes e conquistar-lhes o afeto e a comiseração.

Não percebem que recordar os males é vivê-los, e vivê-los é desencadear as mesmas emoções e hormônios que afligiram o corpo em outros tempos. Só pelo fato de recordar intensamente os sofrimentos, já estão enfraquecendo as defesas imunológicas.

Você tem listas de gente que se faz de vítima e conta histórias dignas de filmes de horror para atrair a compaixão e a amizade.

Em vão. Ninguém gosta de negativismos. Não há quem se sinta bem com pessoas queixosas e lacrimosas. Podem suportar estoicamente, mas, assim que puderem, buscam outro arraial mais alegre e mais ameno.

Tenha em mente que negativismos e pessimismos não fazem bem nem a você nem aos outros.

Veja o que disse o sábio Confúcio: "Que nos façam mal, ou nos roubem, não é nada, a não ser que continuemos a lembrar o que aconteceu".

Há um aspecto que nesse momento eu gostaria de chamar-lhe a atenção: para quem é positivo, todos os episódios da vida, sejam quais forem, ruins ou bons, lucrativos ou prejudiciais, mal entendidos ou não, sempre trazem mensagens e lições benéficas. São aprendizados de enorme valor para sua vida. Encare o passado dessa maneira e então jogue o fato ocorrido no fogo, pois já não servirá mais para nada.

Quando o errado produz o certo

Quando você tem mentalidade positiva e otimista, o que lhe parece fracasso nada mais é que a mão da Sabedoria Infinita que o conduz para o resultado certo. A mente consciente pode se enganar, já que sua dimensão é pouco abrangente, mas a Sabedoria Infinita sabe tudo sobre todos e sobre tudo.

Ao terminar de escrever meu primeiro livro – O Poder Infinito da Sua Mente – enviei-o a uma grande Editora do Rio de Janeiro, mas eles recusaram a obra, alegando delicadamente alguma razão qualquer. Poderia eu entrar em tristeza e decepção e me queixar de que iniciante nenhum tem chance nesse mundo. Poderia, até, concluir que Deus não me dera o dom da escrita. Não fiquei nisso. Não, mesmo. Acreditei que a recusa era o caminho da Sabedoria Infinita para o meu benefício. E foi. Lancei o livro por minha conta e já foram vendidos, até o momento, um milhão e oitenta mil exemplares, só no Brasil.

Seja sempre positivo e seus resultados serão positivos, por um caminho ou por outro.

Como você consegue, isso às vezes é da alçada divina.

Confie. O pedir sempre carrega o receber, assim ensinava Jesus.

Não acampe no passado

Voltando ao assunto, por favor, não acampe no passado. Essa atitude não ajuda em nada, já que a vida está aqui onde você pisa neste momento.

Claro que contar fatos pitorescos, aventuras gloriosas, episódios divertidos, situações que redundaram em bombásticas risadas, é bem-vindo e benéfico tanto a você mesmo quanto aos que fazem parte da sua companhia.

Lembro agora aquele padre que, ao rezar o Pai Nosso diante dos fiéis, disse atrapalhadamente: "Seja feita a vossa vontade assim na terra como na serra, quero dizer, assim na serra como na terra". Na época, não era de rir, mas agora se pode.

Avance o passo

Seja qual for sua idade, viva no mundo de hoje. Acerte o relógio do tempo. Nada mais chato do que viver com uma pessoa que só sabe dizer: "No meu tempo..."

Acompanhe o andar da vida, atualize-se e conte coisas que possam interessar ou alegrar as pessoas.

Dirá você:

- Que têm a ver esses assuntos com o tema "você consegue"?

- Têm, sim senhor. O mundo que você cria na mente, acontece na sua vida. Se vive no passado, nada acrescentará, ou seja, nada conseguirá, a não ser ressuscitar o defunto.

Ficar no passado é perder o bonde da história.

Adianta conseguir uma velha máquina de escrever, quando estamos na era dos computadores?

Avance.

Quem gosta de passado é museu.

Muitos se aconchegam no passado porque acham que é tarde demais para realizar seus sonhos grandiosos. Sonhos não têm idade. O Poder nunca envelhece. A descoberta do poder da fé tem pelo menos dois mil anos e ela ainda não está aposentada. Sabe por quê? Simplesmente porque ela está sempre na frente apontando o futuro.

Avance.

Consiga, desde agora, acompanhar o tempo e o espaço.

Posicione-se no dia hoje.

O Dalai Lama dizia: "Só existem dois dias no ano em que nada pode ser feito. Um se chama ontem, outro se chama amanhã, portanto hoje é o dia certo para amar, acreditar, fazer, e principalmente viver".

Se você vive no ontem, como conseguirá alguma coisa hoje?

Avance.

Não se contente com ir levando a vida de barriga, como se diz na gíria. Vasculhe os arcanos da sua alma e encontrará sonhos adormecidos. Acorde-os e, se estiverem atualizados, reative-os.

De repente, você desperta com uma ideia genial e deseja muito realizá-la. Pode sim, por que não?

Ocupe o tempo dando vida a essa ideia, imagine-a realizada, busque conhecimentos, analise recursos, e vá em frente, que você consegue.

12

O bilhete de Barcelona

Em junho de 2012, estive em Barcelona para autografar três livros lançados pela Editorial Obelisco.

Certa tarde, estávamos lanchando em La Rambla quando o assunto caiu sobre a ciência do Poder da Mente.

Peguei um guardanapo de papel e escrevi: Pensador – Pensamento – Prática - Produto.

O amigo João Valbom e a Maria Odete ficaram olhando para aquelas palavras interrogativamente.

- Esse é o caminho do poder da mente – comentei.

- Explique – disse o Valbom.

- Não existe pensamento, nem projeto, nem sonho, nem ideal, se não existir o sujeito da ideia, ou seja, o pensador. Este cria o pensamento, que é o conteúdo a ser conseguido. O pensamento é a substância da realidade. Toda substância exige a forma que lhe corresponde. A forma é o resultado da prática, isto é, da ação. E a ação faz o produto, o resultado, o fato. Eis aí o quadrunvirato completo: pensador, pensamento, prática, produto.

Foi o estopim para uma conversa que se estendeu pela tarde, enquanto contemplávamos os turistas indo e vindo pela passarela da rua mais famosa da capital catalã.

O pensador

Se você não existe, não existirá seu pensamento e não haverá nenhum ato criador. Você é o ponto-chave. O número um. A condição sine qua non – como diz o latim.

Se você não existe, não significa apenas que já lhe vestiram o paletó de madeira; não existir significa também alienação, ficar ao deus-dará, não dizer sim para sua vida.

Não existir significa amoitar-se no passado.

Não existir significa, ainda, passar o tempo todo se queixando, já que a queixa tem a ver com algo do passado.

Tudo esclarecido, tenho certeza que você agora é um pensador. Ponto primeiro. Essencial.

Todo pensador se expressa pelo pensamento.

Segundo ponto: pensamento.

Não adianta ser pensador e não pensar nada. Quem nada é peixe – repetíamos no meu tempo de criança. Tem gente que acha que pensar dói, por isso mantém a cabeça oca.

Na verdade, é impossível não haver pensamento. Se você não pensa por si será pensado pelos outros.

Muita gente prefere crer cegamente do que pensar autonomamente.

Luther Burbank, 1849-1926, foi um botânico norte-americano. Disse ele: "Menos de 15% das pessoas conseguem pensar com originalidade sobre algum assunto. A maior tortura para a maioria das pessoas é pensar".

Você é um pensador quc sabe pensar, usa o pensamento como ato criador, e sabe que o "pensamento é grande, livre e rápido; é a luz do mundo e a glória mais alta do ser humano" – como escreveu Bertrand Russel, 1872- 1970, inglês, um dos mais influentes matemáticos, filósofos e lógicos que viveram no século vinte.

Muito bem, revelada a verdade de que pensar é criar, você já começa a pensar ou repensar seus sonhos e desejos.

Se, ao pensá-los, sente energia poderosa e entusiasmo, é sinal de que vai dar certo, porque desde já você será conduzido e estimulado a agir. É o terceiro ponto: a prática, a ação. Prática é o ato de praticar, realizar.

Quarto ponto: produto.

Se você pensa, põe energia motivadora no conteúdo do seu pensamento, pratica o que é pensado, com certeza chegará ao produto, que é a materialização do seu pensamento. Assim, o processo humano chegará à culminância.

Quando a pessoa não rompe os elos dessa corrente, o produto sempre acontecerá. A corrente se quebra quando você fica apenas no "eu gostaria", "eu tinha vontade", "eu acho difícil", "eu vou pensar no assunto", "talvez um dia".

Conseguir é percorrer o processo todo.

13

Mude de nível social

Quando estive visitando a Editorial Obelisco, em Barcelona, ganhei e li um livro de Joe Vitale, que é um daqueles pensadores que participaram do livro O Segredo. Lá pelas tantas, ele sugere, no livro El Poder de la Atracción, p 60, que o seu leitor mude de nível social ou grupal que costuma frequentar, por exemplo, a mesma igreja, mesmo clube, mesmo jornal, mesmo trabalho, mesma roda de amigos, mesmo banco da praça, mesmo bar, mesmo restaurante. Ao mudar a rotina, a pessoa pode estar seguindo a intuição que a conduzirá a algo especial, quem sabe, encontrará o sócio que procura, a informação que busca, o comprador ou vendedor que lhe interessa, o convite que vem desejando. Diz ele, ainda, que as cinco pessoas mais perto de você terão influência sobre seu sucesso.

Fiquei refletindo sobre essa sugestão. Tem fundamento. A rotina obscurece o cérebro e a mesmice mata a criatividade. O mundo não cabe apenas num jornal, num livro, num bairro, num restaurante, ou numa roda de amigos.

Imagine o que acontece na história de uma pessoa quando faz sempre o mesmo trajeto, o mesmo trabalho, o mesmo jornal, o mesmo bar, a mesma conversa, a mesma cerveja, a mesma piada surrada. É bom, inclusive, frequentar outra igreja de vez em quando, participar de outra missa, ou de outro culto, ouvir outro arrazoado no sermão.

Quando eu estava no seminário, a gente era conduzido a ler só o que fosse aprovado pela casa, defender só as teses que os professores apresentavam, ter a mesma ideologia espiritual que os diretores ensinavam, e ficar internado para não sofrer interferências do mundo exterior. Cinemas, shows, festas, livros fora do contexto, reuniões de baile, não eram coisas para seminaristas. Preconceitos moralísticos eram dogmas de conduta.

Nasci e me criei numa cidade e sempre tive a mente aberta, procurando pensar por mim mesmo e analisar os conteúdos que me eram ministrados. Bastou escrever sobre autoajuda e as críticas trovejaram sobre mim. Meus escritos e palestras eram diferentes do pensamento comum e isso era perturbador para os crentes aferrados. Eu segui abrindo caminhos novos, lendo tudo que me interessava e que podia ilustrar meus conhecimentos ou me divertir. Hoje, leio três jornais diários, dois semanais, vejo programas especiais de televisão, leio livros de sucesso e de entretenimento, viajo sempre que puder, entro em contato com todo tipo de pessoas, de mentalidades e de crenças, vasculho o Google, converso diariamente com colegas de sacerdócio, à mesa, sobre inúmeros temas relacionados à Igreja, ao mundo atual, ao futebol, à filosofia, ao evangelho, à política e aos avanços do mundo. Metemos na roda das análises até mesmo assuntos tabus, como retorno de ex-padre, celibato, atualização dos sermões, anseios da humanidade de hoje, tradições religiosas consideradas ultrapassadas, e por aí afora. Quem recusa a abordagem de assuntos que dizem respeito ao mundo de hoje, tem medo de ser apanhado por uma verdade que possa desestabilizar crenças arraigadas. Uma coisa é certa: essas avalanches de ideias que convergem ou se chocam, sem vencidos ou vencedores, sem ideologias endurecidas e sem fundamentalismos, fazem um bem imenso à mente, ao cérebro, à segurança interior e ao desejo de chegar ao Conhecimento.

Se você deseja, por exemplo, saber quais são minhas ideias, teorias, conceitos e análises sobre a Igreja de hoje, leia meu livro O Último Papa, lançado em 2012, um pequeno best-seller apreciado por muitos e criticado por outros. O livro inicia com a eleição de um Papa, que, por ser da Galileia, é chamado de Galileu, e assume com o nome de Pedro II, em homenagem ao seu conterrâneo, o primeiro Papa. Este Pontífice põe em discussão entre os cardeais, bispos e teólogos, todos os temas cruciais da Igreja e as diversas correntes, abordando os dois lados das posições, com isso oferecendo ao leitor conhecimento amplo para que ele possa avaliar os prós e contras de questões como retorno dos ex-padres, celibato, virgindade, ordenação de mulheres, simplificação da liturgia, formação sacerdotal e ecumenismo. Mas, o foco maior é sobre o sonho de Jesus: Um reino de amor - e não proibições e leis. O título O Último Papa tem a ver com as profecias de São Malaquias, mas trata-se apenas de curiosidade, como atrativo a mais no âmago da leitura. Com certeza, você vai criticar ou elogiar a obra, mas o que importa é que a leitura sirva de ilustração e entretenimento, sem pretensão de mudar crenças e atitudes de ninguém.

Pois bem, voltando ao assunto deste capítulo, procure contato com pessoas que acrescentem e não apenas amigos que divirtam ou saiam à noite com você.

Suas crenças significam suas verdades e suas verdades significam sua vida, então entre em contato com pessoas positivas, otimistas, criativas, visionárias, empreendedoras.

Os cinco amigos mais pertos

Eu gosto de todos meus amigos. Tenho-os no meu coração. São amigos e amigas que vivem por perto, em Santa Maria, e são amigos espalhados pelo Brasil, amigos conquistados na América do Sul e na Europa. É claro que os mais achegados são aqueles com os quais, por assim dizer, convivo. De todos eu aprendo. Gosto de aprender. Gosto de ser amigo. Gosto de conversar, de brincar e de rir. E tudo é aprendizado. Todas as pessoas são sábias, cada uma no seu setor. Cultive amigos e amigas.

Lembrando Joe Vitale, quais são seus cinco amigos mais próximos? Nomeie-os um a um, porque são eles e elas que fazem seus sucessos ou seus marasmos existenciais. Analise o que lhe ensinam, aonde conduzem você, que atitudes o inspiram a tomar. Acrescentam algo à sua vida ou são apenas companheiros de mesa? Claro, companheiros de churrasco são ótimos, mas entre os cinco mais aproximados é mais ótimo ainda se conseguem oferecer-lhe novas ideias, novos conhecimentos, novas perspectivas.

Outros amigos especiais

É oportuno falar aqui de outros amigos: são seres abertos, sempre disponíveis, atenciosos, aceitam suas críticas e xingações, não se importam se você os abandona ou só os procura quando lhe convém. Refiro-me aos verdadeiros e generosos amigos de qualquer hora: os livros. Esses podem preencher aquilo que os amigos de duas pernas não conseguem.

Gilbert Arthur Highet, 1906-1978, escritor, intelectual, crítico e historiador escocês, escreveu estas frases, que apreciei demais:

"Não são livros, são mentes vivas alinhadas nessas prateleiras. Cada uma delas emite uma voz. E, da mesma forma que um mero tocar de um botão de rádio enche a sala de música, basta apanhar um desses livros e abri-lo para ouvir falar um homem, não importa quão distante ele esteja no tempo e no espaço, e para sentir sua mente junto à nossa e seu coração junto ao nosso coração".

Sinto-me muito feliz e gratificado por estar, com meus atuais 74 livros, compartilhando a mente e o coração de milhões de pessoas, assim como me sinto unido à mente de tantos escritores, cujos livros tenho comigo na mesa e nas prateleiras.

Então, amada leitora, querido amigo, não deixe sua mente e seu cérebro embotados, mas abra-os para o conhecimento, para o seu debate interno, e para a iluminação interior.

Deve ser um tanto chata a vida com a esposa que só sabe cozinhar, limpar a casa, lavar roupa e dizer quatro ideias. Se você é assim, tome a decisão de ler jornal, adquirir revista, assinar a Net ou a Sky da televisão, assim terá condições de conversar com o marido sobre algo que o agrade e que acenda ideias e diálogos. Lembre que beleza e juventude passam, cultura não. A beleza e juventude do diálogo atualizado são perenes. E você, brioso marido, qual é a sua cultura? Lê jornal, revista, livro, assiste palestra, vê programas e reportagens que abram novos conhecimentos, ou só sabe falar que tudo está caro e que vai chover amanhã?

Você é o que pensa.

Hoje é dia de novas decisões. Não pense guardar o dinheiro para levar junto naquele dia, porque caixão não tem gaveta.

Não seja homem de salário mínimo.

Benjamin Disraeli, (1804-1881), escritor e político britânico, dizia: “Nutra sempre pensamentos grandiosos, porque jamais alcançará nível de vida mais alto que seus pensamentos”.

14

Mantenha sempre a mente altiva

Às vezes, não sente vontade de mandar tudo às favas?

Quando dá tudo errado, não fica vermelho de raiva, decepcionado, querendo soquear o mundo?

E quando alguém lhe impinge um produto deteriorado e falso, ou lhe cobra os olhos da cara pelo que não vale, não tem ganas de pegar o pilantra pelo pescoço e quebrar-lhe as costelas?

Tem gente que se descontrola a tal ponto que a desgraça acaba em assassinato. E aí o sofrimento não terá fim.

É sobre isso que desejo falar agora com você. E falo pelo bem que lhe quero.

Nunca tome decisões e nem aja por impulso. Quem se comporta assim, encontra muito sofrimento pela frente. O arrependimento não evita a punição da lei judiciária.

Se você é pessoa impulsiva, fácil de descontrolar-se e capaz de medidas extremas, preste bem atenção aos meus conselhos a seguir:

Mentalize todas as manhãs, ao acordar:

"Obrigado, Senhor, pela noite e por mais este dia feliz, abençoado e positivo, que agora começa.

Guia os meus passos para que só me aconteçam coisas boas; ponha no meu caminho pessoas bem intencionadas; ajuda-me a discernir tudo que me faz bem; deixa-me sempre no caminho da prosperidade, do amor, da saúde e da felicidade.

Dá-me, Pai celestial, lucidez e ponderação nas surpresas desagradáveis e me inspira a ter calma total nas circunstâncias agressivas, para que tudo se resolva da melhor maneira para todos.

Nada mais me perturba e nem me descontrola, porque sei que sou guiado divinamente.

Sei que todos os acontecimentos me conduzem ao melhor, sejam quais forem. Assim é e assim será. Amém."

***

Você é daqueles que querem conseguir a fidelidade no amor através de cenas de ciúmes? Pois, saiba que ciúme é sentimento inútil, doentio, e não torna ninguém fiel a você. Pelo contrário, um dia estoura e a separação indesejada acontece. Mentalize paz interior, boa vontade e autoconfiança. Assim, você consegue, sim, consegue se dar bem no amor a dois.

***

Não se una às pessoas que lhe falam da vida alheia, porque falarão de você aos outros.

***

Caso se envolver em acidente, respire fundo várias vezes para baixar o ritmo cerebral. É uma boa medida rezar um Pai Nosso devagar antes de entrar em contato com a outra parte do conflito. Explico: Nessas situações, como em momentos de desentendimento, rixa, ofensa, assalto, perigo iminente, o cérebro acelera o ritmo e, quanto mais alto o ritmo cerebral, menos controle emocional terá a pessoa. A regra básica é relaxar, acalmar-se e pausar a respiração. Assim, será bem mais fácil resolver situações complicadas. Com a cabeça fria, a solução prática aparece.

Seria bom levar em conta essa recomendação da bíblia: "Não digas: vingar-me-ei do mal; espera por Javé e ele te salvará". Prov 20,22.

***

Não raro, a pessoa quer deixar seu emprego, ou é despedida, por qualquer razão. Procure fazer o melhor possível para que as portas da empresa se abram quando você quiser retornar.

***

Se houver mentes exaltadas, descontroladas em algum momento da sua vida, a melhor coisa que pode fazer é pedir desculpa pela situação, despedir-se calmamente e dizer que no outro dia entrará em contato para resolver a pendenga a contento. E lembre que é melhor perder os anéis do que a vida.

Às vezes, é vantagem deixar que o outro vença a discussão. Ainda mais quando se trata de polêmica banal. Hoje ou amanhã a verdade aparece por si mesma.

***

Viva e deixe o outro viver - é um lema muito próprio para o seu casamento. Perfeição não existe. Fraquezas sempre acontecem. Mal-entendidos são comuns. Desconfianças são corrosivos. Intolerâncias são péssimas conselheiras. Viva feliz e deixe o companheiro ou companheira viver feliz. Não há regalo maior do que um sorriso complacente.

***

Li, há pouco, essas frases que desejo compartilhar com você:

"Quem ama não controla, quem controla não ama".

"Amor é aceitação de que entre mim e meu semelhante existem muitas e preciosas diferenças que devem ser respeitadas".

Não sei de onde retirei as citações acima, mas penso que trazem belo ensinamento.

Quando os sentimentos e emoções turbarem seu discernimento, acalme-se, peça solução à Sabedoria

Infinita e vá ocupar-se de outros assuntos. Mais tarde, a mente liberta de pressões internas e externas, você encontrará o caminho mais adequado.

***

Em 2009, um senhor veio queixar-se comigo porque só lhe aconteciam fatos complicados.

Respondi:

- Os fatos guiam a quem souber interpretá-los, arrastam a quem se submete a eles. Os episódios são o que você disser que eles são. Para quem é positivo todos os acontecimentos levam ao caminho mais curto do sucesso.

Acredite que tudo tem solução. Entenda que solução significa que você alcançará o resultado desejado.

Certa vez, li de um pensador, chamado James Allen, uma frase clara e simples sobre o que ocorre na vida de cada um:

"Tudo quanto o homem consegue e tudo quanto deixa de conseguir é resultado direto dos seus próprios pensamentos".

Nunca deixe de olhar para si mesmo diante dos infortúnios e veja para que lado deve dirigir seu barco. Água parada não toca moinho – se dizia antigamente.

Com essas sugestões, você consegue se dar bem na vida.

Sim, você consegue.

15

O trabalho que consegue

Os que estudam os poderes do ser humano dizem que riqueza é estado mental. Afirmam de pés juntos que você é tão rico quanto pensa. Concordo.

Mas, há os que atribuem a riqueza exclusivamente ao trabalho. Para esses, a vida significa trabalho e dinheiro resultante do trabalho. Qualquer situação social, política, religiosa, ambiental, que afete essa mentalidade, vai gerar crises e conflitos, segundo essas pessoas.

Outro mal que tal ideologia produz é que você não depende de si, mas da oportunidade que lhe dão para o exercício do seu trabalho.

Mais outra decorrência dessa visão: a crença de que os que atuam na mesma área são competidores, adversários, e até inimigos que devem ser derrubados.

Mais uma consequência: a crença de que os ricos estão roubando os espaços dos pobres e explorando-os, isto significando que pobre é gente boa e sofrida, e rico é um espécime mau e explorador.

Ora, uma pessoa com essa carga na cabeça vai se estressar demais. Oitenta por cento das consultas médicas têm a ver com o estresse.

Origem da riqueza

Riqueza é estado mental. Já escrevera Howard Hill, no título de um de seus livros: "Para ser milionário, pense como um milionário".

A essência do trabalho é a participação do ser humano na obra da criação do mundo. Portanto, uma pessoa pode trabalhar até de graça, ou por idealismo, ou por solidariedade. Com isso quero dizer que trabalho não significa necessariamente riqueza, embora também possa levar à riqueza. No entanto, se não existir o projeto mental de riqueza, a matéria não acontecerá.

Conflitos entre riqueza e pobreza

Uma pessoa pode ser pobre para seguir o exemplo de São Francisco de Assis. Outra pode querer ser rica como Abraão e São Luiz, rei da França. Algum asceta rigoroso pode querer imitar o Jó da bíblia no tempo da miséria e do sofrimento e outro pode desejar ser igual a Jó na riqueza e felicidade que se seguiram ao tempo de provação. Cada qual é livre para buscar qualquer caminho. Mas, se aprecia a pobreza, se encontra em São Francisco o modelo de vida, se acha que pobreza é virtude, tudo bem, só não pode se queixar de falta de dinheiro, de dificuldades financeiras, de vida desconfortável, pois estaria se contradizendo e caindo em incoerência. Gerar conflito entre matéria e espírito é não ser nem lá nem cá, nem uma coisa e nem outra.

Diz a bíblia: "Rico e pobre se encontram; a ambos fez Javé". Prov 22.

Diz ainda o livro dos Provérbios: "O tolo cruza os braços e destrói a própria vida". 4,5.

No versículo seguinte, aconselha: "Melhor é ter um punhado com tranquilidade do que dois punhados à custa de muito esforço e de correr atrás do vento". 4,6.

E a bíblia conta essa história, nesse mesmo contexto: "Havia um homem totalmente solitário; não tinha filho nem irmão. Trabalhava sem parar! Contudo seus olhos não se satisfaziam com sua riqueza. Ele sequer perguntava: "Para quem estou trabalhando tanto, e por que razão deixo de me divertir? Isso também é absurdo; e um trabalho por demais ingrato". 4,8

De tudo isso, vamos tirar as conclusões sábias e benéficas:

* Riqueza nasce na mente e se manifesta na matéria.

* Trabalho positivo, qualquer que seja, é sempre digno porque significa a participação do ser humano na continuação da obra da criação do mundo.

* Existe riqueza para todos. Todas as criaturas humanas são filhas de Deus, herdeiras das riquezas do universo criadas por Deus.

* Deus é Pai e não lhe agrada ver nenhum de seus filhos caídos na miséria ou passando privações. Diz a bíblia: “A bênção do Senhor dá a riqueza e não a faz seguir de sofrimento”.

* Saber que riqueza é mundo exterior e deve permanecer fora do ser humano. O interior do indivíduo só pode ser habitado por realidades mentais e sentimentais positivas. O coração afetivo é o hábitat do amor e da felicidade. Não se invente de tentar guardar no seu coração o tesouro material que a traça corrói e o tempo enferruja. Você vira pedra.

* Seja rico quanto quiser, mas deixe a matéria lá fora. Dentro, só exista amor, felicidade, paz, alegria, bondade e valores positivos. Veja o que diz a bíblia: “Quem ama o dinheiro jamais terá o suficiente; quem ama as riquezas jamais ficará satisfeito com seus rendimentos. Isso também não faz sentido”. Distinga entre amar e ter. O amor se apossa do seu ser total, o ter é matéria exterior a si. Cada qual no seu lugar.

* Não brigue pelas riquezas materiais: no universo existe à sua disposição o que você quiser. Deus criou riquezas infinitas e inesgotáveis. Há de tudo para todos e o depósito continua abarrotado.

Use as riquezas aqui neste estágio terreno, pois diz a sabedoria da bíblia: “O homem saiu nu do ventre de sua mãe, e, como vem, assim vai”. Eclesiástico 5,15. Não guarde no colchão, não seja avarento, desfrute esse belo e curto período que lhe é dado nesse paraíso terrestre. Sem ser cigarra.

Trabalho é prazer

Já foi dito anteriormente que trabalho não é castigo e nem sina dolorosa da vida humana. Trabalho é prazer, é missão, é ideal, é alegria de criar, é atividade que satisfaz, é sentir-se útil, capaz, sócio do Criador na construção de um mundo cada vez melhor. O trabalho levanta a autoestima e dá razão de ser à existência.

Pensar também é trabalho

Conheci uma jovem que se achava inútil porque estava impedida de realizar trabalhos que demandassem ação física. Mostrei-lhe que trabalho é toda atividade física, ou mental, ou espiritual. Até o pensamento é uma atividade que produz reações imensas no planeta e no cosmo. Pensamentos poluídos, nefastos, depressivos, assim como pensamentos e sentimentos de amor, de paz, de alegria, de felicidade, são como a pedra jogada no lago que vai ampliando ondulações até chegar ao limite máximo da inércia. Você, eu, qualquer pessoa, inclusive o habitante do Everest, estamos contribuindo para a beleza e pureza cósmica ou para a poluição universal. As pessoas que dizem orações felizes e amorosas são benfazejas porque estão iluminando a humanidade e o planeta.

Mas, já que falamos em pensamento, recorde que seu pensamento, antes de tudo, faz a sua vida. No ponto de partida está a força mais poderosa do pensamento, isso atesta a verdade da Lei do retorno: o que você pensa, fala, deseja, imagina ou faz a alguém, atinge primeiramente você e retorna multiplicado.

Uell Stanley Andersen, autor de várias obras, escreveu:

"A má sorte não se abate sobre você: você a cria. O sucesso não é resultado de trabalho duro: é resultado de pensamento positivo. Deus não o castiga: é você que se castiga".

Antes de atribuir sua situação a fatores alheios, olhe para dentro de si.

Vejo que há certa tendência de jogar sobre algum fator extra o que acontece na vida. Alguns culpam o azar, outros acham que a vida é madrasta, há os que se consideram injustiçados, e é muito comum ouvir cristãos acreditarem que não resistiram às tentações do demônio. De todas as crenças, essa crença na maldade personificada merece diploma de superstição primitiva. É muito fácil jogar a culpa num bode expiatório. Fazem como o avestruz que esconde a cabeça pensando que ocultou o corpo todo. Está na hora de entender que somos os únicos autores de nossa vida e ponto final. Se alguma coisa não vai bem, olhar para dentro. Se tudo vai às mil maravilhas, dê parabéns a si mesmo.

Deus lhe deu todas as condições para a autorrealização, o resto é com você.

As coisas não vão bem? Mude a direção de seus pensamentos.

Você consegue. Segure-se nessa verdade.

Trabalhe com prazer. Mas, pergunte-se com sinceridade se seu trabalho está construindo ou destruindo esse lindo planeta.

Como criar dinheiro

Pode você criar dinheiro?

Ah, como você gostaria de criar dinheiro! Há tanta coisa que você deseja ter, mas o dinheiro está curto. Uma maquininha honesta de produzir dinheiro seria a maravilha das maravilhas. Que tal uma árvore estranha cujos frutos seriam reais, dólares e euros?

Bem, quero dizer-lhe que existe essa maquininha. Por sinal é tão velha quanto a humanidade. Chama-se mente. O mundo que você cria na mente, se expressa na realidade física: dinheiro, casa, carro, campo, o que quiser. Por que o cavalo, o burro, o boi, o leão, não enriquecem? Porque lhes falta a mente criadora. Posso dizer-lhe também que existe a árvore do dinheiro: a mente. Esta cria o pensamento que cresce, se expande e produz o fruto monetário sob a espécie da sua essência.

Sei que você não deglute nada disso. Mas, digame o que é que fez a riqueza dos milionários: os braços? As pernas? A cidade onde vivem? O produto que vendem? Se fossem os braços, as pernas, a cidade, o produto, todos os que tivessem braços, pernas, cidade, produto, seriam ricos. É assim que funciona?

A riqueza reside mental.

O caminho da riqueza

A primeira coisa a fazer é modificar suas crenças a respeito do dinheiro. Não amaldiçoe e nem alimente a crença idiota de que dinheiro é coisa do diabo, muito menos admita que dinheiro é caminho de perdição.

Vou repetir mais uma vez: o que você acredita, acontece na sua vida, seja verdade ou não. Como escreveu Eliphas Levy: "O pensamento humano cria aquilo que pensa".

Também não diga que o dinheiro anda difícil. Napoleon Hill, o escritor que passou duas décadas estudando os grandes ricos, lançou, anos atrás, o livro *Pense e Enriqueça.* Mas, no seu livro *Pensamento Positivo Para o Nosso Tempo,* avisou: "Não diga que o dinheiro é escasso: a própria declaração fará com que o dinheiro fuja de você".

Fugirá por quê?

Simplesmente porque o pensamento faz a realidade.

O que é o dinheiro

O que você pensa que seja o dinheiro? Em si

mesmo, nada mais que pedaço de papel. Se nunca usar seu dinheiro, guardou pedaços de papel, tão inúteis quanto jornais velhos. O valor está no que lhe é atribuído. Vale dez, vale vinte, vale mil, vale um milhão. Com dez, pode adquirir isso, com vinte mais aquilo, com mil consegue possuir tais coisas, com um milhão tem ao seu alcance tantas outras coisas. Este é o valor real e social do dinheiro.

Não vou falar aqui do valor ou desvalor que as crenças e ideologias atribuem ao dinheiro. Já me reportei a isso anteriormente.

A grandeza do dinheiro

O dinheiro é seu alimento, suas roupas, seus móveis, sua casa, seus remédios, seus livros, suas viagens, seu transporte, seus objetos religiosos, sua igreja, seus aparelhos de som, seu carro, sua esmola, sua bíblia.

O dinheiro, em última análise, é uma bênção de Deus.

Eu tenho uma enciclopédia pessoal, onde anoto tudo que pode me instruir, ajudar e interessar. Pois bem, no item Dinheiro, veja esse diálogo lá registrado:

"Certo aprendiz acercou-se do instrutor cristão e perguntou:

- Professor, para a Sabedoria Divina o que vem a ser o dinheiro?

- O dinheiro é sempre um talento de Deus nas mãos do homem e cada criatura responde por aquilo que faça de semelhante bênção.

- Mas, professor, por que existem tantos pregadores da verdade e do bem que amaldiçoam a fortuna?

- Filho, podes anotar: sempre que ouvires alguém censurando a moeda, esse alguém está condenando o dinheiro dos outros. (Livro: Mensagens de Emanuel – Francisco Cândido Xavier).

Aquela igreja que você frequenta é a soma de muito dinheiro. Sua cultura é resultado benfazejo de dinheiro. Esse livro que você adquiriu é uma bênção do seu dinheiro.

O dinheiro salvou muitas vidas. Entre num hospital e constate. Pode ter salvo até você.

Abençoe a maravilha do dinheiro.

Queira mais dinheiro

Quando você leu o título acima, não sentiu certa reação desagradável? Quase uma repugnância? Sabe o que significa isso? Crença negativa que lhe impingiram certas religiões e ideologias. Mude essas crenças se deseja prosperidade, riqueza e dinheiro.

Duas ideias opostas não convivem na mente. Ou você acredita numa ou noutra. Se admite uma ideia, estará descartando a outra. Se acredita que dinheiro é um mal, ele fugirá de você. Se tem convicção que dinheiro é uma bênção, ele virá abundante para si.

Se for orar para sua saúde, por exemplo, mas acredita no médico que disse ser incurável o seu caso, como é que fica? Acredita numa coisa e deseja outra? Qual das duas ideias será assumida pela mente executiva? Seu subconsciente cumprirá aquela na qual mais acredita e a tornará realidade física.

Crença contrária ao dinheiro

Por que tem você crença contrária ao dinheiro? Analise-se. É porque o dinheiro pode produzir o mal? Então, se for coerente, deve deixar de tomar água, porque muitos morreram afogados; jamais andará de carro e de avião porque houve muitos acidentes; nunca casará, porque há tantas e tantas separações. Veja como certas crenças só subsistem porque são aceitas cegamente.

Limpe a sua mente e jogue fora os negativismos e crendices. A única coisa que você deve evitar é colocar o dinheiro no coração, pois, como já lhe disse, o hábitat do coração é o amor e não a matéria.

Existe dinheiro mau?

Já ouviu falar de pessoas que abandonam tudo para viver em estado de privação? Umas agem assim porque preferem a simplicidade da vida, o desapego dos bens, entendendo que, dessa forma, agradam a Deus. Outras vivem a pobreza porque acreditam que o dinheiro é mau. - Se é mau, longe de mim. – Vá para trás, satanás! – exclamam.

Na verdade, essas pessoas estão confundindo alhos com bugalhos. Há pregadores e escritores inteligentes e cultos que sequer ponderam o que estão passando para os outros. Pense comigo: dinheiro é um pedaço inocente de papel colorido. A esse pedaço de papel as pessoas deram um valor. Com esse valor os indivíduos fazem o que quiserem. Podem usá-lo bem ou mal. Então, jamais o papel chamado dinheiro pode ser mau, e sim a pessoa pode utilizar bem ou mal aquele papel que na mente dos cidadãos significa determinado valor.

Cobiça, exploração, extorsão, usura, ambição desmedida, avareza, são produtos do dinheiro ou da mente das pessoas que assim agem com o dinheiro? Se a causa fosse a moeda, bastaria queimar todo dinheiro do mundo e acabariam a exploração, a cobiça, a usura, a avareza, a extorsão. Essas atitudes são doenças psíquicas. Como diz o outro: uma coisa é uma coisa, outra coisa é outra coisa.

Deixe o dinheiro fluir

Saiba que o dinheiro é como água: flui por onde encontra terreno propício. Deixe sua mente aberta para que ele jorre para você.

Quanto mais fé você puser nos seus desejos, projetos, sonhos, mais forte e intensamente ele jorrará na sua direção.

Imagine o rio da fortuna correndo diante de você. Mergulhe, que o dinheiro gosta de quem dele gosta.

Tenha prazer em ganhar dinheiro, mas não faça um altar para ele.

Imagine-o, com alegria, como meio para sua autorrealização, para o seu progresso, para sua saúde, para o seu convívio social, para sua cultura, para seu lazer e para seu conforto.

Não ame o dinheiro, mas faça amizade com ele, pois ele quer estar com você e servi-lo em todos seus desejos.

17

Caminhos estranhos

Com certeza, você já reparou que seus pensamentos e crenças fazem a sua realidade. Este assunto já foi bastante repisado.

Mas, já lhe disseram que precisa prestar atenção às suas intuições?

- Intuição, o que é isso? – pergunta você, surpreso.

Intuição

Pois bem, intuição é a voz da sabedoria interior que, em determinado momento, rompe a janela da mente consciente e lhe revela algo inusitado, às vezes sem racionalidade, sem razão imediata. É, por assim dizer, um sexto sentido que capta algo em seu benefício e lhe transmite.

Diz o Google que "em psicologia, intuição é um processo pelo qual os humanos passam, às vezes e involuntariamente, para chegar a uma conclusão sobre algo. Na intuição, o raciocínio que se usa para chegar à conclusão é puramente inconsciente, fato que faz muitos acreditarem que a intuição é um processo paranormal ou divino. Seu funcionamento e até mesmo sua existência são um enigma para a ciência. Apesar de já existirem muitas teorias sobre o assunto, nenhuma é dada ainda como definitiva. A intuição leva o sujeito a acreditar com determinação que algo irá acontecer".

Intuição, simplificando, é aquela inspiração repentina e involuntária, que surge de supetão na sua mente, com uma informação ou um impulso a fazer algo diferente. Há situações banais que podem trazer-lhe ótimas consequências. Por exemplo, se você costumava ir sempre a um restaurante e, de repente, sente vontade estranha de fazer a refeição num outro restaurante, vai e lá encontra alguém que você procurava ou alguém que lhe dá uma dica que buscava, ou que lhe faz uma proposta interessante.

Um senhor, que não era dado a se fazer presente em reuniões, sentiu ímpeto de participar de um encontro programado, foi e, desse encontro, surgiu uma amizade que muito influiu na sua vida. Às vezes, um negócio é fruto de uma intuição. Uma decisão pode ser tomada em atenção a uma voz interior.

Quando adquiri o Parque Oásis, em 1982, o valor era muito alto e eu não estava certo se podia arcar com o compromisso. No dia em que deveria decidir definitivamente, peguei o baralho da felicidade, um baralho que eu havia lançado com mensagens positivas, e me concentrei para ver que resposta me daria nesse caso. Baralhei as cartas e retirei aleatoriamente a carta de título Hoje Eu Consigo. Não tive dúvidas, fiz o negócio e deu tudo certo.

Mas, por que toda essa conversa?

Para lhe dizer que a intuição é uma maneira nada desprezível para conduzir você a algum resultado desejado. A intuição é a voz da Sabedoria imanente.

A oração

Há pessoas que, na necessidade de encontrarem um caminho para conseguir algo, recolhem-se à oração. Uma boa parte dessas pessoas faz a oração pedindo orientação divina para o seu caso. Acredita na resposta e a põe em prática.

Outros entram numa igreja silenciosa, principalmente aquelas tipo medieval, com a penumbra dando toque místico, e se concentram em Deus à espera de uma palavra inspiradora.

A resposta vem porque a mente está em nível alfa – ou estado de oração, segundo Jesus – e nesse caso há contato com a Sabedoria Infinita, ou o Espírito Santo, na linguagem pentecostal.

Há os que pedem e acreditam piamente que a oração será atendida. Nessa prece, não se manifesta apenas a intuição como também a fé.

Nas páginas da bíblia

Conheço pessoas que põem a mão na sua bíblia, invocam a Sabedoria Infinita, ou o Espírito Santo, e abrem o livro ao acaso. Leem a página toda e tentam encontrar a palavra de Deus para o seu caso.

Uma intuição legítima nunca erra, pois se trata de uma voz transcendental. É a revelação da Sabedoria Infinita.

As pessoas agitadas, estressadas, ansiosas, não conseguem acalmar a mente consciente dominada por turbilhões de pensamentos e sentimentos. Nessas circunstâncias, não há condições normais para que surja a revelação intuitiva. É preciso serenar as ondas internas agitadas. O relaxamento, a música à luz da oração, a própria prece, têm o condão de abrir uma brecha na mente interna por onde fluirá a luz divina, ou a luz da intuição, que é a voz da Sabedoria.

A difícil voz do não consigo

Há um momento na vida de muita gente em que tudo fica confuso, escuro, sem saída. Quem já passou por depressão profunda e grave, entende bem o significado dessas palavras. São indivíduos tomados por uma tristeza imensa, do tamanho do mundo. Sentem-se sem forças, incapazes, sofridos, inúteis. Afundam em pensamentos mórbidos, a autoestima jaz apagada, imaginam que só estão atrapalhando a vida das pessoas mais próximas, empenhadas em ajudar na superação dessa doença. Refiro-me à depressão que gera choro, desânimo total, falta de vontade absoluta, apatia. Essa criatura, coitada, acha-se feia, indesejada, não amada, um peso para os demais. Busca a solidão para não incomodar ninguém e aí ouve uma voz lúgubre de que essa vida não tem sentido e é melhor morrer para não atrapalhar ninguém.

Há os que acham que é a situação do casamento a causa do seu sofrimento e querem a separação, o divórcio, pensando num recomeço que lhes acena com a felicidade. Não atinam que o problema não está na casa, nos outros, no marido, na esposa, mas em si mesmos; outros querem vender tudo e ir morar numa praia, assim por diante. Não percebem que tomar decisões de comprar algo ou vender algo, divorciar-se, mudar de religião ou de casa, não vai resolver o problema. Pelo contrário, comprar uma casa agora deixará tudo igual, porque a pessoa depressiva é quem vai habitar a casa levando junto sua depressão. Separar-se agora? Como fica ele ou ela e como fica você sem ninguém ao seu lado? E os filhos, com quem ficarão? Quem os sustentará e os encaminhará à escola? E o dinheiro para a autossustentação? E o que vai fazer da vida nessa contingência?

Se você passa por esse bocado amargo da vida, não tome nenhuma decisão até ficar plenamente curado ou curada. Agora você não tem condições de se autodeterminar, porque sua mente está fixada, travada, obscurecida e doente. Empenhe-se no restabelecimento da saúde; então, com a mente lúcida, a vida aberta, as energias refeitas, as circunstâncias analisadas, sob orientação de psicólogo comportamental poderá encaminhar bem as suas decisões.

Feitas essas considerações, meu caro deprimido, amiga deprimida, deixe de falar em *não consigo.*

Os outros conseguiram, você vai conseguir.

1. Guarde no seu coração essa frase verdadeira, que lhe deixo com o maior carinho: Isto também pas-

sará.

Vá levando a vida com essa certeza.

Conheci pessoas que estiveram no fundo do poço e hoje andam felizes da vida, abençoando cada dia como presente de Deus.

Volto a repetir: Aguente esse momento. Tudo que está passando é coisa da doença. Você ficará bem, sem dúvida. Isto também passará.

A sua enfermidade parece pior do que qualquer doença física, porque a depressão afeta a sua mente, o que não ocorre com problemas estomacais, renais, por exemplo.

Mas, você consegue. Você é maior que os problemas.

Vale o esforço

Quero dizer-lhe que, seja qual for o tamanho do seu desânimo, o poder continua existindo no âmago do seu ser. Use um pouco de boa vontade para se empenhar em mudar os padrões de pensamentos.

Se você se examinar um pouquinho, notará que sua mente anda em círculo vicioso a remoer o passado. Este já cumpriu sua missão, trazendo-lhe o ensinamento que você precisava, agora ele deve ser jogado fora. Passado já passou. A vida é hoje, aqui e agora, com perspectivas positivas sobre o futuro.

A boa notícia é que perdoar o passado e esquecer o que passou, torna você mais jovem.

Ao invés de ruminar os fatos da sua vida, as causas subjacentes que a psicanálise descobriu serem oriundas da infância, dos pais, da adolescência, de algum episódio traumático, use a imaginação para projetar o futuro positivo e otimista. Sua mente necessita de energia positiva e belas perspectivas. Sonhe com uma nova fase benfazeja e acredite que cada dia estará melhor e melhor até dissipar as nuvens negras e o sol surgir glorioso no seu coração.

Por favor, não desanime da vida, pois você não deixou de ser uma pessoa maravilhosa, cheia de ideais e qualidades. O que está acontecendo é apenas um apagão momentâneo. A luz já está chegando. Isto também passará.

Você consegue.

Fontes antidepressivas

Nessa situação, seu cérebro precisa liberar endorfina, serotonina, dietilamina, dopamina, opiamina, oxitocina, enfim os chamados hormônios do prazer e da felicidade.

Como você pode secretar esses hormônios?

Anote:

Fisicamente: caminhadas, esportes, sol, trabalho prazeroso, praia, escaladas, divertimento com cachorrinho, gatinho, diversão, dança, sexo, companhia agradável.

Mentalmente: pensamentos positivos, leituras

amenas, música alegre, conversas positivas, piadas, risos, alegria, programas de aventuras, comédias, humorismos.

Sentimentalmente: amor, paz de espírito, solidariedade, compaixão, felicidade, contemplação benéfica, lembranças felizes.

Espiritualmente: oração, leitura sobre a fé, cânticos religiosos, conversa com Deus. A religião tem sido a solução para muita gente.

É evidente que a atitude mental desempenha papel decisivo na produção de endorfinas, essa droga da felicidade. Em momentos de pensamentos sombrios e pessimistas estamos remetendo ao cérebro informações que passam a estancar o fluxo de endorfinas. Quando produzimos pensamentos e sentimentos alegres, otimistas, positivos, fabricamos endorfinas e outros hormônios prazerosos Não é isso que você quer?

Agora uma boa notícia para você, que rejeita qualquer esforço para sair desse marasmo: pesquisas indicam que chocolate levanta o bom humor, graças a substâncias estimulantes e antidepressivas, como teobromina, cafeína e feniletilamina. Mas, não exagere, do contrário o aumento de peso gerará mais depressão.

Colhi, no Google, esses dados que seguem: "Alimentos coadjuvantes na prevenção da depressão para integrá-los à sua dieta diária, misturando-os ou comendo isoladamente:

Arroz integral: uma ótima fonte de vitamina B1 e B2 e ácido fólico, (estes diminuem o nível da homocistina, uma das culpadas pela depressão).

Salmão, sardinha e atum: os asiáticos e os finlandeses têm grau muito baixo de depressão, comparado com o resto do mundo, e o segredo está no consumo de peixes, ricos em ômega-3.

Repolho e couve: são ricos em vitamina C e também em ácido fólico e ajudam a combater a depressão, o estresse e doenças cardíacas. Já a abóbora, esta é um dos segredos do bom humor, uma vez que contém altas proporções de vitamina B6 e ferro, que são elementos muito importantes para converter o açúcar no sangue em glicose (que é o combustível do cérebro).

E, ainda, para combater a depressão podemos incluir a castanha do Pará, o feijão, rico em ferro, cálcio, vitaminas do complexo B, carboidratos e fibras. Também: leite e iogurte desnatado, frutas, cereais integrais, além de espinafre e verduras escuras".

Para completar, veja o que disse Hipócrates, 460-377 AC: "Que teu alimento seja teu remédio e teu remédio seja teu alimento".

Importante: hoje a medicina psiquiátrica oferece produtos de última geração que ajudam muito a superar com ânimo e bom astral este momento. Mas, só o médico psiquiatra pode orientar você nesse sentido, até porque esses remédios necessitam de acompanhamento.

Então, repita comigo, com todas as forças que pode arrancar do fundo da alma: Eu consigo!

Por pior que seja seu caso, sempre sobram energias que lhe façam acreditar que consegue.

Agora se despeça do passado

Se você perdeu tudo que tinha, se o coração está machucado pela decepção amorosa, se a desgraça lhe tirou o que mais apreciava, eis mais uma razão para abandonar o passado, uma vez que ele não tem mais nada a oferecer-lhe. Eis, sim, mais uma razão para voltar-se para o futuro, pois ele lhe promete tudo que você quiser.

O lugar da sua morada atual é o amanhã. Amanhã é outro dia. E o amanhã é a colheita do hoje. Então, comece hoje. Sacuda a poeira e vá em frente. Ali na esquina, está a alegria e o sorriso que você perdeu.

Existem duas pessoas em si: a que você é e a que deseja ser. Quanto mais aproximar uma da outra, tanto melhor. E quanto mais rapidamente acontecer, melhor ainda.

Uma coisa é certa: você consegue.

Com uma dose de paciência, mais uma colherada de boa vontade, acrescida de uma porção de esforço – eis a poção mágica que fará você conseguir bem mais rápido do que imaginava.

19

Perspectivas da maturidade

A juventude é a idade dos sonhos grandiosos, a maturidade é a fase das realizações e a idosidade é o belo período da colheita e do desfrutar.

A maturidade significa os anos do milagre da transformação: os sonhos vão acontecendo, o amor se faz família, o aconchego se torna casa, o charme tem a marca do carro, o dinheiro começa a se acumular, o empreendimento ganha força e a pessoa vê o caminho aberto.

Nessa idade, há um cabedal respeitável de experiências, conhecimentos, certezas, perspectivas, que elevam a autoestima, levantam o astral, o homem acredita em si, tem a vida estabilizada e bem encaminhada.

Essa é a ordem natural, mas nem sempre acontece. Muita gente percorre a maturidade sem alcançar os objetivos, colhendo fracassos, desestruturando a família e os negócios não fluindo a contento. Com isso, esses indivíduos amargam profundo sentimento de frustração, que é antessala da depressão.

Augusto Cury escreveu que uma pessoa imatura pensa que todas as suas escolhas geram ganhos e uma pessoa madura sabe que as escolhas têm perdas. É uma constatação ponderável, mas eu prefiro ver um outro lado da questão e dizer que, para o sábio, todas as escolhas positivas geram ganhos. Basta olhar os acontecimentos com olhos otimistas. Tudo na vida tem seu lado bom. Muitas vezes, o que parece desgraça ou fracasso, nada mais é que o redirecionamento do caminho que leva ao êxito total. Para quem sabe dos caminhos invisíveis, nenhuma escolha positiva, incendiada pelo entusiasmo, produz perdas. O sábio consegue enxergar o benefício submerso na poeira e faz de cada lição apoio para nova arrancada de sucesso.

Certos psicólogos convocam as pessoas a serem realistas e entenderem que a vida sempre traz desgraças, sofrimentos, frustrações, desencantos, incompreensões e perdas, principalmente na maturidade, quando as coisas - segundo eles – não correm de acordo com os sonhos doirados. Dizem alguns analistas que a maturidade congrega um exército de desiludidos e revoltados. Considero isso pessimismo e desconhecimento das grandes potencialidades do ser humano. Você é fadado ao êxito e à felicidade em qualquer idade e em todas as idades. Se algo não corre bem em algum momento da sua vida, não pense que é destino ou fatalidade, apenas o aviso benfazejo de que deve mudar o rumo do seu barco. Acertando a rota – e isso acontece pelo aprendizado da vida – tudo dará certo.

Tenha em mente que não somos seres frustrados, mas seres superiores, dotados de poder e sabedoria infinita, destinados à felicidade e a continuar a obra da criação do mundo.

O que é a vida

Num dos programas que falei na RedeVida de Televisão, no Brasil, me propus a definir a vida humana. Comecei perguntando aos telespectadores: o que é a vida? Como se define a vida? Os negativos dizem que a vida é caminhada para a morte, pura frustração, desgraça necessária. Certos religiosos dizem que a vida é renúncia e sacrifícios para alcançar a salvação eterna. Os otimistas dizem que a vida é uma festa, aconteça o que acontecer. Eu também penso assim.

Para mim, a definição da vida humana comporta quatro elementos.

Primeiro, e antes de tudo, a vida é um presente. Sim, a vida é um presente de Deus. Eu não pedi para nascer, nem você, nem ninguém. Fomos nascidos. Houve uma maratona fantástica de quatrocentos milhões de espermatozoides para apenas um fecundar o óvulo. É como se corressem duas populações do Brasil em busca de um único ponto de chegada. No meu caso, fui eu o heroico felizardo. No seu caso, foi você. Ora, acredita que é mérito seu ou que houve uma determinação do Dono Maior da Vida? Você determinou-se a essa corrida? Sabia para onde ia? Tinha noção do que pretendia? Outro detalhe: você poderia ter nascido há mil anos, no império romano, por exemplo, ou poderia ser colocado no mundo daqui a quinhentos anos. Mas, por que está você aqui, nesse momento histórico da humanidade, nesse lugar, nascido desses pais, membro dessa família?

– Ora, um presente de Deus.

Não faça como muitos que sequer desembrulham o presente. Ou como outros que olham o presente e o jogam na gaveta. Para você, este presente é único, extraordinário. Só resta dizer amém e agradecer.

Segunda consideração: a vida é uma missão. Um presente e uma missão.

A missão existencial tem duas vertentes necessárias que se completam.

A primeira vertente é que sua missão essencial na vida é ser feliz. Sim, é o que você leu: a primeira missão é ser feliz. Nunca pensou nisso? Queria que fosse o quê? Ser feliz é realizar a sua essência. Você é originário da suprema felicidade, nasceu feliz para ser feliz. A infelicidade é a antivida.

A segunda vertente da missão é continuar a obra da criação do mundo. Seus sonhos, ideais, projetos, são inspirações do Criador para continuar a construção do mundo. Essa construção se expressa pelo seu trabalho, ou seja, pela sua ação.

A grandeza da maturidade está na compreensão dessa verdade e compartilhar dessa grandiosa missão.

Se os seus sonhos estão engavetados, tire-os de lá e faça-os acontecerem. Você consegue. Tem tudo para conseguir. Seu único adversário é você mesmo. Vença-o agora, com o poder que lhe é inerente, levante a bandeira e conquiste seu sonho. O mundo agradecerá. E Deus terá orgulho de você.

20

Consiga tudo na velhice

O maior perigo da vida é deixar-se convencer de que a terceira idade é o período dos achaques, do Alzheimer, do abandono, da inutilidade. Muitos idosos alentam a infeliz ideia de que são peso morto na vida e na família.

Hoje, há forte reação contra essa mentalidade destorcida. A terceira idade passou a ser finalmente reconhecida como fase importante, feliz, saudável e agradável. Os mais otimistas proclamam com entusiasmo que é a melhor idade. Eu concordo. Acabei de escrever um Livro-Cd de título *Os Segredos da Terceira Idade.* Assinalei na capa: *"Nas outras idades o prazer é tudo. Na sua idade tudo é prazer"*.

A primeira coisa que deve fazer é mudar seus conceitos sobre a sua idade. Não aceite ideologias negativas baseadas em primitivismos. Já está comprovado cientificamente que o cérebro continua se desenvolvendo em todas as idades, inclusive na idade avançada, quando estimulado por atitudes que significam novidade ou desafio. É uma paulada contra aquelas mentes obscurecidas que veem a velhice como morte antecipada. Em primeiro lugar, basta lembrar que felicidade é estado mental e a mente deriva do espírito e o espírito é Vida, é Luz, é Sabedoria, é Poder, é Felicidade, é Amor, é Plenitude. Eis porque eu vou além dos que falam em terceira idade e melhor idade. Digo que é a Primeira Idade Continuada. Os anos mudam, mas a idade é a Vida, que segue sempre alegre, produtiva, feliz, encantadora e prazerosa.

Beethoven, mesmo quando surdo, sem condições de ouvir suas grandiosas melodias, afirmava: "A vida é bela, gostaria de a viver mil vezes".

O famoso arquiteto americano Frank Lloyd Wright também apregoou: "Quanto mais eu vivo, mais bonita fica a vida".

Dalle Carnegie foi feliz ao avisar: "Não é o que você é, nem o que você tem, nem o que você faz, nem onde você está, que faz você feliz ou infeliz, mas é o que você pensa sobre isso". Eu acrescento: "E também não é a sua idade".

Se quer a palavra da bíblia, registre:

"Na velhice darão ainda frutos, serão ainda cheios de seiva e de vigor".

Salmo 91: "Dar-lhe-ei abundância de dias e lhe mostrarei a minha salvação".

Mais uma citação:

"Para o ignorante, a velhice é o inverno da vida; para o sábio é a época da colheita".

Como conseguir desfrutar a alta idade

Você tem tudo para desfrutar o milagre de cada dia. Faça, antes do mais, uma reflexão sobre si mesmo. Elimine conceitos ultrapassados e preconceitos religiosos e familiares, que abatem a grandeza e as potencialidades do ser humano.

Você é o que pensa. É grande se pensa grande. Feliz, se pensa felicidade. Produtivo, se pensa produtividade.

Tempos atrás, assisti a um filme na tevê contando a história de um senhor de 91 anos de idade, dono de uma mina de ouro em córrego de sua fazenda. Teve o terceiro enfarte mas, ao retornar do hospital, ainda se recuperando, só desejava uma coisa, manifestada com um sorriso glorioso: voltar ao local onde o grupo trabalhava com tratores e maquinarias na busca de pepitas de ouro. Esse tinha motivação para viver. Por favor, não fique você confinado a um canto da vida, esperando botarem terra por cima de si. Vá viver a vida. Encontre motivação para fazer algo. Lembre seus pendores naturais. Monte uma pequena oficina, nem que seja para fabricar brinquedinhos para os netos. Leia. Participe de palestras. Pode até pesquisar sobre plantas, insetos, abelhas. A internet ajuda muito nesse sentido. Mantenha sorriso no rosto e alegria de viver.

Você consegue se dar bem nessa idade, claro que consegue.

Seja criativo, que você consegue.

Tempo de usufruto

Sua idade é, se souber aproveitá-la, a melhor e mais linda de todas. Já ouviu depoimentos sobre essa verdade, não é necessário repetir.

Os outros estão correndo para fazer a vida, você já está lá em cima, no topo da montanha, com visão espetacular e privilegiada do tempo e do espaço.

Earl Riney escreveu o seguinte: "Os que vivem no cume das montanhas têm dias mais longos do que os que vivem nos vales". Os dias são mais longos porque têm tempo para contemplar as flores, os pássaros, os animais, as nuvens que perambulam alegremente pelo azul do céu. Quando é que um executivo da planície tem possibilidade de parar diante de uma abelha para apreciar seu modo de ser e sua atividade?

Quem pode imaginar um empreendedor afoito parar à sombra de um cinamomo para ler tranquilamente um livro?

Você consegue. Sua idade lhe permite. Usufrua.

21

Qualquer jovem consegue

Quero conversar com você que é jovem, jovem-jovem. Não é redundância. Existem jovens envelhecidos, outros infantilizados, outros amortecidos pelas drogas.

Mas, existem jovens-jovens. Esses vivem a quadra esplendorosa dos sonhos e das utopias.

Você é jovem, do contrário não estaria lendo esse capítulo. Parabéns.

Tenho certeza de que a gaveta do seu coração está repleta de sonhos grandiosos, como um lindo e apaixonante Amor, casa aconchegante, carro na garagem, uma fortuna na conta, formação de primeira, sucesso sem fim na profissão, uma bela presença prestigiosa na sociedade e na mídia... Que mais?

Vou lhe dizer uma coisa: Continue sonhando, porque todo sonho acalentado com entusiasmo se torna verdade.

Não pergunto o tamanho do seu sonho, quero apenas saber o tamanho da sua fé na realização do sonho.

As grandes realizações são resultado de grandes sonhos incendiados pela fé.

Não existe realidade que não seja produto de um pensamento sonhado.

Então, quando se flagrar sonhando como criança feliz, saiba que é Deus que está inspirando os seus desejos. Seu desejo é o Criador batendo à porta da sua mente, a dizer-lhe:

- Aqui está a minuta de um grande projeto, vá e faça quando chegar sua hora.

Não tenha vergonha de sonhar grandes sonhos. Juventude é tempo para isso. Se anotar num diário seus imaginários fantásticos, melhor ainda. Aos que zombarem dos seus arroubos, pergunte se conhecem alguma grande personalidade no mundo que não tenha seguido seus sonhos de jovem.

Santos Dumont sonhou com o voo do mais pesado que o ar.

O homem sonhou em ir à lua.

Mark Twain, 1835-1910, escritor norte-americano, criado às margens do rio Mississipi, alertou: "Não renuncies às tuas ilusões. Se elas se forem, poderás continuar a existir, mas já terás deixado de viver".

O mundo de hoje é o sonho de ontem. A utopia

é a chave do progresso. Se não houver sonhos, não haverá evolução, tudo será como na poesia Máscaras, de Menotti Del Picchia:

"É tão doce sonhar!... A vida nesta terra

Vale a pena, talvez, pelo sonho que encerra".

Paulo Menotti Del Picchia, 1892-1988, foi poeta, jornalista, tabelião, advogado, político, romancista, cronista, pintor e ensaísta brasileiro.

Jesus sonhou que, com doze homens rudes, poderia construir um reino de amor na terra.

Os sonhos de hoje de um mundo melhor poderão ser realidade amanhã.

Anatole France até nos deixou uma frase significativa: "A existência seria intolerável se não pudéssemos sonhar".

Na verdade, se ao ser humano não lhe fosse dado o poder de sonhar, ele não teria razão de existir.

Essa é a idade dos sonhos

Sei que os mais ponderados e práticos já estão resmungando:

- De que vale sonhar sem realizar?

Vou responder em dois lances: O realizar depende do sonhar. Primeiro o pensamento, depois a realidade. Assim funciona. É disso que estou falando.

A melhor idade de sonhar – não a única – é a juventude. Por isso, faço aqui a apologia do sonho.

Mesmo que tudo não passasse de um sonho quimérico, ainda assim o universo teria recebido uma energia criadora divina.

Mas, tudo funciona na justa e reta ordem: primeiro o sonho; depois, a preparação para a realização do sonho, ou seja, o estudo, o aprendizado, o conhecimento, a formação, os ensaios experimentais. Isso sim cabe ao jovem nessa etapa da vida. E é muito importante.

A terceira fase é começar a realizar o sonho, o projeto, o ideal. Pode ser concomitantemente com a formação, como após o período de preparação.

Veja o que escreveu Thoreau: "Se já construíste castelos no ar, não te envergonhes deles; estão onde devem estar. Agora, dê-lhes alicerces". Henry David Thoreau, 1817-1862, norte-americano, era escritor, poeta, naturalista, ativista anti-impostos, pesquisador, historiador, filósofo e transcendentalista.

O que quero assinalar é que, antes do mais, vêm as duas primeiras etapas.

Agora, calha bem aqui a famosa frase de Walt Disney: "Se você pode sonhar, pode realizar".

Não há obstáculo que possa tornar impossível ou utópica a realização de um sonho. Mesmo que a mente consciente não veja o caminho, a Sabedoria Infinita, se invocada, abrirá um.

É bom recordar a conhecida frase de Albert Einstein: "Alguma coisa é impossível até que alguém duvide e acabe provando o contrário".

Então, meu caro jovem, minha querida jovem, qual é o seu sonho? Nenhum? Não perca tempo, deixe a imaginação voar nas asas da utopia. Arturo Graf anotou: "Quem se desprende de todas as ilusões fica nu".

Pense grande, sonhe belos sonhos existenciais, pois eles são arautos que vão à frente do seu caminho para anunciar a sua realização.

O sonho só não passará de sonho impossível se você o afogar na descrença.

Não vejo nenhum jovem inútil e sem futuro enquanto ele mantiver no alto a bandeira do seu sonho. Nesse caso, não haverá obstáculo que o impeça de chegar ao êxito.

Nada é difícil para quem acredita que é fácil.

Sabe por que o rio consegue chegar ao mar? Exatamente porque não luta contra os obstáculos, mas os contorna com a sabedoria que lhe dotou a natureza.

Para fechar esses pensamentos, cito nosso escritor brasileiro Monteiro Lobato: "Tudo vem dos sonhos. Primeiro sonhamos, depois fazemos".

Jovem, você consegue.

Atolado em dívidas, e daí?

Tem gente que se desespera porque está com dívidas até o pescoço. A maior parte dos emails sofridos que recebo se refere a dívidas, muitas consideradas insuperáveis.

Você sabe porque caiu nesse buraco, não preciso analisar. Uns foram vítimas das intempéries na lavoura, outros fracassaram nos negócios, outros, ainda, gastaram muito mais do que ganhavam. É impressionante como há compradores compulsivos. E tem a lista infindável dos que emprestaram dinheiro confiando no retorno e nunca mais.

Diante da sua calamidade, o que fazer?

Primeira atitude

Você não é sua dívida. Você é você, a dívida é a dívida. Você está em si mesmo, a dívida é fator externo. Separe uma coisa da outra. Separe o que é separado.

Lembre-se que felicidade é estado mental, independe se você tem dinheiro ou se tem dívidas.

Os valores essenciais que fazem a vida são internos, estão protegidos dos corrosivos externos. O amor, a paz, a felicidade, a alegria de viver, só você pode roubá-los de si. A saúde também nasce na mente e se expressa no corpo, portanto independe do mundo exterior. Até a riqueza material é estado mental.

Conclusão: nada de depressão, abatimento, desespero e vontade de se matar. Isso é besteira. Sua vida vale muito mais do que sua dívida. Esta é a hora de levantar a cabeça e marchar para a solução. Não há causa perdida. Você perdeu a batalha, mas não a guerra.

Agora saia fora do marasmo e da fixação. Quanto mais se aflige, mais baixo vai voar, porque o pensamento negativo é pesado e atrai o resultado negativo.

Já dizia Ben Gurion, um dos fundadores de Israel: "Quem não acredita em milagres não é realista".

Não aposte tudo nos conhecimentos e conclusões da sua mente consciente, porque ela é apenas uma pequena parcela da mente.

A Sabedoria da sua mente avisa que tudo tem solução. Mas, para que a Sabedoria se manifeste, você precisa acalmar-se, relaxar, pedir inspiração e solução ao Infinito, e auscultar a voz do espírito.

O impossível é apenas a distância imaginária entre seu desejo e a realidade. Quanto mais você encurtar essa distância, menor será o tamanho do seu impossível. Enquanto você acreditar na superação do problema, o seu impossível irá sumindo por si mesmo. O tempo é o maior destruidor de impossíveis. Quantos impossíveis você tinha há cinco anos? Algum ainda subsiste?

Calma, que você consegue.

O email salvador

Recebi, dias atrás, um email desesperado, em que a pessoa pedia socorro, não sabia o que fazer, as dívidas estavam grandes e os credores querendo o pagamento que lhes era devido.

Respondi-lhe o seguinte:

- Li com atenção seu email. É muito simples o que você deve fazer: 1) Não gastar mais do que ganha. 2) Faça um inventário das suas necessidades básicas e o resto use para abater suas dívidas. 3) Pare de gastar um centavo sem necessidade. 4) Veja quanto dinheiro pode dispor por mês e negocie com os credores. Antes de perder tudo, eles aceitarão sua proposta. E cumpra rigorosamente. 5) Veja o que mais pode fazer e criar para acrescentar ao seu rendimento mensal e use o resultado para pagar as dívidas. 6) Se não tem trabalho, mentalize o emprego dos seus sonhos, onde se dedica com entusiasmo e ganha o que deseja. 7) Faça um quadro mental visualizando-se assinando um cheque, ou vários cheques, em que paga todas as dívidas; e veja os credores contentes e agradecidos. 8. Mentalize prosperidade, abundância e riqueza. 9. Agradeça, pois todas as coisas estão prontas quando a mente o está. 10. Mantenha-se confiante, alto-astral, com muita energia e otimismo.

Acredite que pode

Henry Ford disse, certa vez: "Se você acha que pode ou se acha que não pode, de qualquer forma você está certo".

Acredite que pode

Você consegue.

Sei de muitas pessoas que perderam tudo, mas não perderam a fé. Recomeçaram e enriqueceram novamente.

- Por que enriqueceram?

- Exatamente porque criaram o desejo de recuperar a fortuna e desde logo assumiram um projeto a ser alcançado. Uma coisa é certa: se você não sabe o que fazer, nada fará. Eles conheciam o segredo de que o Poder só funciona se tem sobre o que funcionar. O universo conspira a favor de quem lhe faz uma proposta de realização. Envie para o seu subconsciente, para o Altíssimo e para o Universo, a imagem da sua meta concretizada. Sinta a alegria da resposta positiva. Mantenha vivo o fogo do entusiasmo. E comece a caminhar nessa direção.

Para completar esse capítulo, deixo-lhe aqui os conselhos de Howard Dayton, 1943, formado em Administração de Hotéis e corretor de imóveis. Depois de desafiado pelo sócio a descobrir o que a Palavra de Deus ensinava sobre como lidar com o dinheiro, escreveu os livros: *O Seu Dinheiro - Como sair das Dívidas - Seu Dinheiro: Frustração ou Liberdade.*

Na obra *O Seu Dinheiro,* escreveu este texto para as pessoas saírem das dívidas:

"Devido à singularidade de cada circunstância, a caminhada para sair das dívidas será unicamente sua. Os dez passos seguintes são um guia para a sua jornada. São passos simples, mas, para segui-los, é necessário um trabalho árduo. O objetivo é o Dia D - Dia sem Dívida, o dia em que você ficará totalmente livre das dívidas.

1.Ore. O primeiro passo é o mais importante. Ore. Peça ajuda e a direção do Senhor em sua jornada rumo ao Dia D. Ele pode agir de imediato, como no caso da viúva (2 Reis 4:1-7), ou de forma mais lenta, num período maior. Em ambos os casos, a oração é essencial.

2. Estabeleça um Orçamento por escrito. Um orçamento escrito ajuda você a planejar para o futuro e analisar seus padrões de gastos, para ver quais você poderá cortar. É um freio eficaz no impulso de gastar.

3. Aliste o total dos seus bens - tudo o que possui. Faça uma lista de cada item que possui: sua casa, seu carro, mobília, etc. Avalie a lista completa para determinar se deveria vender algum deles.

4. Aliste os seus compromissos - tudo o que você deve. Muitas pessoas, em particular as que devem muito dinheiro, não sabem com precisão o quanto devem. No entanto, você deve alistar suas dívidas para ter uma ideia exata de sua atual situação financeira. Precisa alistar também os juros que seus credores estão cobrando por cada dívida. Ao analisar os juros em sua lista de dívidas, descobrirá que os custos de créditos variam muito. Alistar as suas dívidas vai ajudá-lo a estabelecer uma prioridade na redução da dívida.

5. Estabeleça um programa de pagamento para cada credor. Mais uma vez, livrar-se das dívidas pode parecer entediante, mas é absolutamente necessário seguir esses passos. Ninguém conseguirá livrar-se de dívidas por acidente. Todos precisamos de um programa de pagamento sistemático por escrito para alcançar o objetivo do Dia D.

6. Considere um aumento dos rendimentos. Com os possíveis ganhos adicionais, em primeiro lugar, decida antecipadamente utilizá-los para abatimento da dívida. Nossa tendência é gastarmos mais do que ganhamos, tanto se ganhamos muito, quanto se ganhamos pouco. Em segundo lugar, ganhe uma quantia adicional sem prejudicar seu relacionamento com o Senhor ou com sua família.

7. Não acumule dívida nova. A única forma que conheço de não acumular dívida extra é pagando à vista, com dinheiro, cheque, ou cartão de débito, no momento da compra.

8. Seja satisfeito com o que você tem. Vivemos numa cultura cuja indústria de propaganda tem maquinado, com poder e sofisticação, métodos de persuadir o consumidor a comprar. Frequentemente, a mensagem tem a intenção de criar um descontentamento com aquilo que temos. Considere estes três fatores: (1) quanto mais televisão você assiste, mais você gasta; (2) quanto mais você olha revistas e catálogos, mais você gasta; e, (3) quanto mais você for às lojas, mais você gasta.

9. Considere uma mudança radical em seu estilo de vida. Um número crescente de pessoas diminuiu suas despesas de modo significativo para se livrar das dívidas com mais rapidez. Algumas venderam suas casas e mudaram para outras menores. Muitas têm vendido os carros que têm prestações mais altas e comprado carros baratos para se livrarem das dívidas.

10. Não desista. Desde o início, reconheça que haverá centenas de razões pelas quais você deverá desistir ou postergar seus esforços para se livrar das dívidas. Não caia na tentação de não continuar firme em seu compromisso. Não pare até que tenha alcançado seu objetivo maravilhoso de viver livre das dívidas. Lembre-se de que sair das dívidas é um trabalho bem difícil, mas a liberdade que você terá valerá a pena". (cap 5 e 6).

Esse texto acima extraí de Howard Dayton, livro: *Seu Dinheiro*. Veja tudo que pode aproveitar dos conhecimentos, estudos e experiências desse pensador, escritor, administrador e espiritualista.

Envolva a mente, o coração e o corpo nessa empreitada que lhe promete uma vida desestressada, agradável, bem conduzida e feliz.

Você consegue. Claro que consegue.

23

Como começa a riqueza

Não fique pensando que a riqueza está a uma distância inalcançável.

A caminhada de 800 quilômetros até Santiago de Compostela começa apenas com o primeiro passo. Apenas o primeiro passo. Um incêndio tem início com um fósforo aceso. Apenas um fósforo. Não existe um milhão de dólares ou de euros que não tenha início no primeiro dólar ou no primeiro euro. Um livro de cem mil palavras começa com a primeira letrinha.

Há alguém que não consiga dar o primeiro passo, ou acender um fósforo, ou possuir um euro, ou escrever uma palavra?

A vida é simples, mas muita gente tem a mania de complicar.

Quero contar aqui para você uma história que, segundo me foi passada, seria verdadeira.

"Não havia no povoado pior ofício do que de

porteiro do prostíbulo. Mas, que outra coisa poderia fazer aquele homem? O fato é que nunca tinha aprendido a ler nem escrever, não tinha nenhuma outra atividade ou ofício.

Um dia, entrou como gerente do prostíbulo um jovem cheio de ideias, criativo e empreendedor, que decidiu modernizar o estabelecimento. Fez mudanças e chamou os funcionários para as novas instruções.

Ao porteiro, disse:

- A partir de hoje, o senhor, além de ficar na portaria, vai preparar um relatório semanal onde registrará a quantidade de pessoas que entram e seus comentários e reclamações sobre os serviços.

- Eu adoraria fazer isso, senhor - balbuciou - mas eu não sei ler nem escrever!

- Ah! Quanto eu sinto! Mas, se é assim, já não poderá seguir trabalhando aqui.

- Mas, senhor, não pode me despedir, eu trabalhei nisto a minha vida inteira, não sei fazer outra coisa.

- Olhe, eu compreendo, mas não posso fazer nada pelo senhor. Vamos dar-lhe uma boa indenização e espero que encontre algo que fazer. Eu sinto muito e que tenha sorte.

Sem mais nem menos, deu meia volta e foi embora.

O porteiro sentiu como se o mundo desmoronasse. Que fazer?

Lembrou que no prostíbulo, quando quebrava alguma cadeira ou mesa, ele a arrumava, com cuidado e carinho.

Pensou que esta poderia ser uma boa ocupação até conseguir um emprego. Mas, só contava com alguns pregos enferrujados e um alicate mal conservado.

Usaria o dinheiro da indenização para comprar uma caixa de ferramentas completa.

Como o povoado não tinha casa de ferragens, deveria viajar dois dias em uma mula para ir ao povoado mais próximo a fim de realizar a compra.

E assim o fez.

No seu regresso, um vizinho bateu à sua porta:

- Venho perguntar se você tem um martelo para me emprestar.

- Sim, acabo de comprá-lo, mas eu preciso dele para trabalhar.

- Bom, mas eu o devolverei amanhã bem cedo.

- Se é assim, está bom.

Na manhã seguinte, como havia prometido, o vizinho bateu à porta e disse:

- Olha, eu ainda preciso do martelo. Por que você não o vende para mim?

- Não, eu preciso dele para trabalhar e, além do mais, a casa de ferragens mais próxima está a dois dias de viagem sobre a mula.

- Façamos um trato - disse o vizinho. - Eu pagarei os dias de ida e volta mais o preço do martelo, já que você está sem trabalho no momento. Que lhe parece?

Realmente, isto lhe daria trabalho por mais dois dias. Aceitou.

Voltou a montar na sua mula e viajou.

No seu regresso, outro vizinho o esperava na porta de sua casa.

- Olá, vizinho. Você vendeu um martelo ao nosso amigo. Eu necessito de algumas ferramentas. Estou disposto a pagar-lhe seus dias de viagem, mais um pequeno lucro para que você as compre para mim, pois não disponho de tempo para viajar para fazer compras. Que lhe parece?

O ex-porteiro abriu sua caixa de ferramentas e seu vizinho escolheu um alicate, uma chave-de-fenda, um martelo e uma talhadeira. Pagou e foi embora. E nosso amigo guardou as palavras que escutara: 'Não disponho de tempo para viajar para fazer compras'.

Se isto fosse certo, muita gente poderia necessitar que ele viajasse para trazer as ferramentas.

Na viagem seguinte, arriscou um pouco mais de dinheiro, trazendo mais ferramentas do que as que havia vendido.

De fato, poderia economizar algum tempo em

viagens.

A notícia começou a se espalhar pelo povoado e muitos, querendo economizar a viagem, faziam encomendas.

Agora, como vendedor de ferramentas, uma vez por semana viajava e trazia o que precisavam seus clientes.

Com o tempo, alugou um galpão para estocar as ferramentas e, alguns meses depois, comprou uma vitrine e um balcão e transformou o galpão na primeira loja de ferragens do povoado.

Todos estavam contentes e compravam dele.

Já não viajava, os fabricantes lhe enviavam seus pedidos.

Ele era um bom cliente.

Com o tempo, as pessoas dos povoados vizinhos preferiam comprar na sua loja de ferragens do que gastar dias em viagens.

Um dia, ele lembrou de um amigo seu que era torneiro e ferreiro e pensou que este poderia fabricar as cabeças dos martelos.

E logo, por que não, as chaves-de- fenda, os alicates, as talhadeiras, etc.

E, após, foram os pregos e os parafusos.

Em poucos anos, nosso amigo se transformou, com seu trabalho, em um rico e próspero fabricante de ferramentas.

Um dia, decidiu doar uma escola ao povoado. Nela, além de ler e escrever, as crianças aprenderiam algum ofício.

No dia da inauguração da escola, o prefeito lhe entregou as chaves da cidade, o abraçou e lhe disse:

- É com grande orgulho e gratidão que lhe pedimos que nos conceda a honra de colocar a sua assinatura na primeira página do livro de atas desta nova escola.

- A honra seria minha - disse o homem. - Seria a coisa que mais me daria prazer assinar o livro, mas eu não sei ler nem escrever, sou analfabeto.

- O senhor?!?! - disse o prefeito, sem acreditar. - O senhor construiu um império industrial sem saber ler nem escrever? Estou abismado. Eu pergunto: O que teria sido do senhor se soubesse ler e escrever?

- Isso eu posso responder - disse o homem, com calma. - Se eu soubesse ler e escrever... ainda seria o porteiro do prostíbulo!"

Essa história a li na internet, em 23 de junho de 2010. No final, constava o seguinte: "Isso realmente é verídico, contado por um grande industrial, chamado Tramontina".

Ao ler essa história, lembrei como meu pai começou a vida. Morava num povoado, entre os montes, habitado por imigrantes italianos. Meu avô tinha vindo da Itália, da região de Vicenza. Seus filhos, entre eles meu pai, saíam pelas casas dos colonos e compravam produtos que levavam de carroça até a cidade de Santa Maria, distante cerca de trinta quilômetros. Na volta, traziam produtos encomendados pelos colonos e, nesse vaivém, iam acumulando seu dinheirinho de lucro. O primeiro carro Ford 29 da região foi adquirido por meu avô. Anos mais tarde, meu pai se transferiu, com a família, para Santa Maria e, com mais dois irmãos, abriu um armazém de compra e venda de produtos coloniais, armazém de secos e molhados, como se dizia. Ganharam muito dinheiro. E, diga-se de passagem, meu pai mal e mal sabia escrever. No entanto, todos seus onze filhos se formaram e três deles se tornaram sacerdotes.

Com isto, quero dizer lhe quc pouco importa como você começa. Pode ser mexendo uma agulha, plantando cebola, fazendo um martelo, vendendo cachorro-quente, criando galinhas, pintando paredes, reciclando lixo, vendendo rapadura, seja lá o que for. O que importa, isto sim, é que goste do que faz, aprenda tudo sobre o que faz, sirva os outros como a si mesmo, seja justo, e mantenha sua clientela fidelizada.

E não esqueça de ser feliz, pois assim estará sempre harmonizado, irradiando empatia e simpatia.

Tudo que for fazer, exclame com todas as forças da alma:

- Eu consigo!

Veja exemplos

Se você acha que o seu caso é diferente, sem chance, lhe afirmo que grande parte dos ricos empreendedores que inveja começaram em condições idênticas à sua. Com certeza. O dono da Rede Verdes Mares de Rádio e Televisão, de Fortaleza, era mandalete. O dono do Hotel Glória era um singelo funcionário. Faleceu em acidente de helicóptero. O dono da RedeVida era vendedor de chuchu. O famoso músico André Rieu, promotor de grandiosos espetáculos internacionais de orquestra, começou sem sucesso nos seus concertos. O dono das Lojas Colombo era consertador de geladeiras. O ex-presidente Lula era metalúrgico. Amador Aguiar, fundador do Bradesco, o maior banco da América Latina, até dormiu em banco de praça. Com 16 anos, fugiu do pai, que bebia demais, dormiu num banco da praça de Bebedouro e, de madrugada, foi acordado por um mendigo que lhe pediu um trocado. Aguiar revirou os bolsos e só achou uma moeda. Pensou: "Parece mentira, mas existe gente que tem menos que eu".

Abraham Lincoln, o mais famoso presidente dos Estados Unidos, no seu tempo de juventude era considerado preguiçoso pela família e vizinhos. Seus estudos, segundo suas próprias palavras, resumiam-se, nessa época, a saber ler, escrever e fazer as quatro operações. Em 1831, Lincoln mudou-se sozinho para a aldeia de New Salem, no estado de Illinois, empregando-se como balconista numa loja. Tornou-se agente postal e mais tarde foi eleito deputado por Illinois e, posteriormente, membro do Senado. Durante seu segundo mandato na Assembleia, Lincoln começou a estudar Direito e completou sua formação com livros emprestados, e, em 1836, obteve licença para exercer a advocacia. Depois de muitos fracassos e altos e baixos, foi eleito presidente dos EUA.

Henry Ford, desde pequeno, gostava de furungar em motores e relógios, desmontando, consertando, remontando, por puro prazer. Foi o idealizador da primeira fábrica de automóveis em série com o intuito de baratear o custo e popularizar a venda. Via no consumismo uma chave para a paz, o que o levou, certa vez, a dizer: "O dinheiro é a coisa mais inútil do mundo; não estou interessado nele, mas sim no que posso fazer pelo mundo com ele".

Quero aproveitar a declaração de Henry Ford, que via no consumismo uma chave para a paz, para dizer que também sou a favor do consumo, claro, de quem tem dinheiro para tanto. Ser contra o consumo – apelidado pejorativamente de consumismo – é fazer apologia do dinheiro debaixo do colchão. Dinheiro guardado sem necessidade é mero pedaço insignificante de papel. Um dia, uma senhora chegou-se a mim para criticar como consumistas vorazes os que adquiriam automóvel de luxo. Simplesmente fiz-lhe ver os milhões de empregos que propiciou aquele que adquiriu o criticado automóvel: empregos nas fábricas, milhares de famílias sustentadas pelos funcionários das fábricas, milhares de famílias sustentadas pelos que extraem o petróleo, os refinadores, os transportadores de combustível e de carros, os que atuam nos postos de gasolina, os que trabalham nas oficinas reparadoras, os que vendem as peças, os que transportam pessoas e mercadorias nos carros. Sem falar nos impostos gerados que vão para a saúde, a educação e outras necessidades do povo. Isso é consumismo ou valioso serviço social?

Mas, o que me propus dizer-lhe aqui nesse capítulo, é que não há motivo para você ter medo de entrar no universo produtivo, econômico e financeiro. Há lugar para todos. Sua missão no mundo é sua missão, só sua.

Não alimente a crença de que é pobre, sem recursos, mora no interior, filho de pais carentes e ignorantes, já velho demais, com a vida desperdiçada sem nada produzir. Esses pensamentos são falsos. Você é, na sua legítima realidade, tão inteligente, forte, saudável, criativo, lúcido, determinado, afortunado, quanto essas pessoas que se consideram bem-sucedidas.

O sucesso não tem idade.

Quer que lhe repita a sabedoria da bíblia? “Na velhice darão ainda frutos, serão ainda cheios de seiva e de vigor”.

A fortuna pode vir às suas mãos em qualquer fase da vida.

Vidas que não se entendem

Quando você percebe que a vida vai indo embora, dia após dia, enquanto fica parado à beira do caminho a chorar o leite derramado, garanto que começa a tomar alguma decisão.

Tem gente que trava a vida só por causa de uma mágoa ou pelo prejuízo de cinquenta reais. Não há proporcionalidade entre a perda e o sofrimento correspondente. Não há inteligência nenhuma em deixar de viver por causa de uma situação qualquer. Jesus já avisava que a vida vale mais que qualquer outra coisa.

De quando em quando, você precisa parar, olhar, escutar, e acertar o melhor caminho. O mundo não para enquanto você sofre. Se não fizer um inventário da sua situação, poderá chegar à estação final revoltado por não ter vivido.

Marido nervoso

Num dia desses, encontrei uma senhora de meia-idade que se queixava desamparadamente do marido:

- Ele é muito nervoso, chega em casa de mau humor, resmunga contra tudo e contra todos. E contra mim. Essa vida não tem graça.

Respondi-lhe:

- Ele sempre foi assim? Pergunto porque há indivíduos de temperamento difícil e há outros que estão estressados, como existem os que têm a mania de descarregar suas frustrações na família.

- Não, ele não foi sempre assim, caso contrário não teria casado com ele.

- Então, é problema de saúde. Convença-o a consultar um médico. Para que sofrer e fazer os outros sofrerem se tudo tem solução? Ele consegue superar esse momento. Com atendimento médico e com relaxamento e mentalização positiva, conseguirá fazer da casa o refúgio protetor contra as atribulações do dia a dia.

Homem de sangue quente

Um senhor me contou que é muito intempestivo e impulsivo e isso o tem prejudicado no emprego. Basta subir o sangue na cara e já prorrompe num aguaceiro de palavreados sem controle. Que fazer para mudar?

- Meu caro – disse-lhe – o problema você já sabe, agora vamos buscar a solução. Não é preciso fazer psicanálise para descobrir a origem dessa atitude; é necessário, isto sim, saber que essa programação subconsciente pode ser modificada. À noite, quando vai dormir, e de manhã quando acordar, concentre-se e repita serenamente: "Eu sou calmo, eu sou calmo, eu sou muito calmo. Todas as pessoas estão surpresas com a minha atitude ponderada. Sempre espero alguns segundos conscientemente antes de falar. Respeito as ideias e condutas de cada pessoa. Digo calmamente o meu modo de pensar e aceito as demais posições. Todos agora gostam de estar comigo. Sou feliz". Principalmente, antes de encontros, reuniões, e em momentos difíceis, diga para si mesmo essa mentalização. Sua mente vai obedecer-lhe.

- Será que consigo?

- Consegue, com certeza!

Viciada em compras e compras

Mais difícil foi o caso de uma moça que tinha o vezo compulsivo de comprar e comprar e comprar tudo que lhe chamava a atenção. Às vezes chegava a adquirir até duas peças iguais de roupa.

- Tudo tem solução, amiga. Existe um poder infinito em si que atende ao comando de sua determinação. Essa compulsão é resultado de repetições e repetições. Tornou-se hábito forte. Use o mesmo método para reverter. Diga para si muitas vezes até o subconsciente aceitar como verdade: "Eu sou dona de mim mesma e não permito que qualquer objeto me domine. Tenho inteligência, lucidez, força de vontade, poder e sabedoria para determinar o que me é útil e necessário, e não é a propaganda ou os olhos que determinam o que devo fazer. Eu sou eu, autora absoluta da minha vida. Graças a Deus, agora me sinto segura e feliz". Grave com fé essa mensagem e tenha a certeza de que assim é e assim será. Uma prática que dá resultado é sempre deixar para adquirir o produto no outro dia. Isso arrefecerá o interesse. Diz o velho ditado: O que não é visto não é lembrado.

Não parava em nenhum emprego

E tem o caso daquele homem que não parava em nenhum emprego. Não conseguia. E isso atrapalhava demais a sua vida e a da família.

Por que isso acontecia?

Há várias razões possíveis. Alguns procuram e aceitam qualquer emprego para resolver o problema financeiro. Pouco tempo depois, já não gostam do serviço, vão perdendo a vontade, diminuem a produção, então são demitidos ou desistem.

Há, também, pessoas muito melindrosas e, quando surge qualquer conflito, pedem as contas.

Conheci muita gente que não se adapta aos colegas, e acabam dispensados.

Que fazer?

- Antes de enviar currículo a uma empresa, ou antes de pedir emprego, ou aceitar emprego, investigue sobre o tipo de atividade exercida pela empresa e pelos funcionários, o sistema de relações entre chefe e colegas, as obrigações e direitos, os horários e tudo o mais que têm criado desgostos nas outras companhias em que esteve anteriormente. Além disso, analise-se para aprender a ter atitudes que se coadunem com a boa convivência e com o bom desempenho no trabalho. Não veja problema só no outro lado, você também é parte dele. Seja humilde e reconheça que necessita de reciclagem psicológica. É importante mentalizar as qualidades necessárias para o seu sucesso pessoal.

Você consegue. Insista consigo mesmo.

Metido em drogas

Uma senhora estava desesperada porque seu filho de 18 anos estava envolvido nas drogas.

- Ele não consegue sair e eu não consigo tirá-lo desse sofrimento.

- Minha senhora – disse-lhe – a fé remove montanhas, até mesmo montanhas de drogas. Como ele entrou, assim há de sair.

Há pessoas que tomam apenas uma decisão única, monumental, definitiva, e removem para sempre a dependência, dando início a uma nova vida. Outros sofrem, se desintoxicam, saem, voltam, uma via-sacra sem fim. Conheço gente que deixou de beber num momento qualquer, por uma razão definitiva, e nunca mais. Convivem, nos aniversários e nas refeições, com amigos e parentes que tomam sua dose de whisky e de vinho e isso não lhes causa o mínimo constrangimento. Deixaram porque deixaram e pronto. Alguns indivíduos acham fácil deixar de fumar, já o fizeram dezoito vezes, e continuam voltando ao cigarro. É uma piada, mas fazem assim. Por outro lado, conheço pessoas que jogaram fora o último cigarro, e fim.

Seu filho há de abandonar as drogas. Inicialmente deve começar a conviver com pessoas de boa formação, pois não há nada como amigos que sejam exemplo. É difícil resistir a uma boa ou má amizade. Maus amigos corrompem, bons amigos são tesouros preciosos. Enquanto seu filho estiver ligado a esse grupo nefasto, ficará dependente deles. A religião tem sido talvez a maior fonte de libertação, porque muda os padrões mentais e forja poderosa motivação. Muitos pais se preocupam apenas em colocar numa clínica para desintoxicar, supondo que seja a solução. Ao deixar a clínica, com quem se encontrará? É por isso que a religião tem sido um dos principais caminhos de autolibertação, porque pessoas que praticam a via espiritual têm outros critérios existenciais.

Uma coisa é certa, depois de viciado, seu filho não continua a drogar-se por prazer, mas levado pelo arrastão da dependência, daí que necessita de apoio, de mão amiga e de energia familiar para que inicie caminhada diferente. A frequência às reuniões de ex-drogaditos é importante e estimulante. É bom lembrar que uma força superior vence uma força inferior. Seu filho precisa encontrar essa força maior que derrota a força da droga e dos traficantes.

Querer é poder. Pensar é poder. Motivação é poder. Entusiasmo é poder. Deus é poder.

Com paciência, fé e persistência, tudo se consegue.

Veja a oração da famosa poetisa Gabriela Mistral: "Dai-me, Senhor, a perseverança das ondas do mar, que fazem de cada recuo um ponto de partida para um novo avanço".

O recuo, a recaída, não é guerra perdida. É a tomada de forças para um novo e mais forte avanço.

Você, amigo, amiga, que sofre essa situação que lhe rouba belas perspectivas da vida e mata seus sonhos grandiosos, saiba que é maior do que qualquer situação. Você pode vencer até o impossível. Thomas Alva Edison, o grande inventor, dizia, com toda sua experiência: "Nossa maior fraqueza está em desistir. O caminho mais certo é tentar mais uma vez".

Tente, que você consegue. Acredite, que você consegue. Faça, que você consegue.

Separação e divórcio

Um dia, uma jovem veio procurar-me porque estava num sofrimento sem fim: o Amor da sua vida tinha dado adeus. Seu coração sangrava e parecia que o mundo tinha desabado.

Comecei por lembrar-lhe aquela velha frase: "O amor faz passar o tempo e o tempo faz passar o amor".

E continuei:

- Não existe só este rapaz na vida, querida. Não

se afogue em copo d´água. Claro que com isto não estou ridicularizando seu sofrimento e nem brincando com seu drama. Apenas estou dizendo a verdade mais velha do mundo e mais minimizada. Não é hora de se desesperar porque seu namorado se foi. É hora, isto sim, de reconhecer que essa não é a primeira e nem a última experiência amorosa da sua vida. Graças a Deus. Quanto mais experiências, mais conhecimentos. Nada de se desiludir dos homens. Isso é coisa de inteligência pequena. Pode sentir o vazio da perda, mas conscientemente leve em consideração que o aprendizado continua. É bom que continue, para que sua escolha definitiva, aquela que porá aliança no seu dedo, seja uma decisão feliz e madura, e não impulsiva.

Não fique tomada de fixação. Se ele foi embora, dê um tchau e deseje que seja feliz. Seu caminho é outro, a Sabedoria Infinita já lhe avisou.

Lembrei agora uma frase que, outro dia, colhi do famoso médico e pesquisador paulista Osvaldo Cruz, 1872-1917: "Não há vantagem alguma amargurar com lágrimas prolongadas os tão curtos dias de nossa existência".

Se fechar seu coração por causa de um Amor que se foi, não deixará entrar outro Amor.

Tenha a certeza de que tudo que deseja, você consegue. Sem dúvida, consegue.

Mergulhada em depressão

Acabo de receber um email de uma senhora,

em plena maturidade, mas já mergulhada em profunda depressão. Na sua conversa, se reportava ao passado como um pesadelo, dizendo que seu pai nunca lhe dera importância, a mãe protegia mais a outra filha, seus anos de colégio foram difíceis, os rapazes só queriam explorá-la, casou apenas para sair das garras dos pais, o marido é uma decepção total, deselegante, sem carinho, totalmente envolvido em sua profissão, enfim sentia-se uma mulher sem eira nem beira, desiludida da vida.

Antes de tudo, disse-lhe que compreendia seus lamentos, a árdua caminhada, as decepções dolorosas e o desamparo sofrido.

Observei que a facilidade com que arrancava de dentro de si as atribulações da vida, mostrava uma mulher envolvida em terapia psicanalítica, buscando nos recônditos da alma a razão de sua desgraça atual.

Fiz-lhe ver que mexer continuamente nas feridas apenas inflamava seu mal. Quanto mais remoesse o passado, mais profunda seria a ferida e mais difícil a cura.

É muito comum observar esse tipo de situação nas pessoas afundadas em depressão.

Se você está vivendo esse momento existencial, pergunto-lhe: Quer acampar no passado? Todo seu sofrimento não existe a não ser na sua cabeça, porque jamais alguém consegue retroceder o calendário. O que aconteceu ontem já é passado. O filósofo Heráclito de Éfeso dizia que ninguém se banha duas vezes no mesmo rio. Na segunda vez, já não é o mesmo rio e nem a mesma pessoa. Tudo vai mudando na vida, graças a Deus. Então, chorar as mágoas e sofrimentos é chorar o nada. Em tese. A realidade é outra.

Falei para aquela elegante senhora:

- Não ponho em dúvida tudo que me escreveu sobre sua vida. Mas, isso é passado. E o passado não é lugar para você viver. O passado é um fantasma imaginário. Você hoje nem recorda aquela febre com dor de cabeça que teve há vinte anos atrás, porque já não existe, então por que fica revivendo as situações emocionais ocorridas há vinte ou trinta anos? Seja inteligente, avance, vá morar onde você está.

Se a felicidade e o sucesso dos seres humanos dependessem de tudo correr bem na vida, desde a gestação até a maturidade mental e emocional, quem seria feliz? Quem não teria o direito de se queixar amargamente de algumas pessoas que fizeram parte de sua caminhada inicial?

A grande notícia é que o ser humano está assentado sobre quatro colunas básicas: Sabedoria para criar e discernir; liberdade para escolher; poder para realizar; e felicidade como essência existencial. Isto significa que chega um momento na vida em que você assume o seu controle, tem o timão do seu barco, decide o que fazer, pode mudar os rumos que outros imprimiram à sua caminhada, e pode começar a ser o que deseja de si. São Jerônimo, 400 anos depois de Cristo, disse, certa vez: “Comece a ser agora o que será daqui por diante".

- Sim – dirá você – mas fizeram um grande estrago na minha vida e agora estou pagando pelo que não fiz.

- Um famoso filósofo grego, chamado Epícteto, 55-135 dc, foi levado, ainda garoto, como escravo para Roma. Sua sabedoria chegou a tal ponto que influenciou imperadores de sua época. Disse ele: "Os homens são perturbados, não pelas coisas que acontecem, mas pela opinião que têm sobre as coisas que acontecem". É o seu caso e de milhões de pessoas, amiga. Os fatos da sua vida não a levaram à depressão e sim as interpretações que deu a eles. Outra pessoa poderia dizer-se feliz por ter vivenciado as mesmas experiências. Já que citei Epícteto, veja essa outra ideia tão sábia dele: "Revoltar-se contra os fatos não altera os fatos e ainda traz uma dose de tormento desnecessária". Eu também adoto essa filosofia. Pergunto-lhe: Permanecer enrolada nos anos da sua vida passada, trouxe algo de bom, mesmo que orientada por um excepcional psicanalista? Pelo contrário, a sua depressão está cada dia mais dominadora. Claro, porque, enquanto revolver o passado sofrido e trágico, ficará no passado. E viver no passado é viver fora da realidade. O que fazer? Nada mais que recolher as lições e aproveitá-las positivamente nos dias atuais.

Escrevi para a jovem senhora:

- Vamos dar uma olhada nas suas queixas – espero que possa ser a última vez – e tentemos extrair ensinamentos benfazejos.

Esmiuçando o que ela me escreveu:

"Meu pai nunca me deu importância". Reflita para si mesma: "Minha vida sou eu, por isso eu é que devo me valorizar. Sou filha de Deus, sábia, bonita, poderosa, alegre, dona de mim. Se eu não me amar, como posso querer que os outros me amem? Eu sou o meu amor. Eu sou eu, meu pai é outra pessoa".

Nem os siameses são iguais e você vive aí tendo seu pai como encosto? Seja você mesma. Aceite que seu pai possa errar. Além disso, pare de ler nesse momento e tente lembrar todas as vezes que se deu importância. Ficará alegremente surpresa. A depressão fecha os olhos, a lucidez os abre.

"Minha mãe protegia mais a outra filha". Antes de tudo, reconheça que ela amou você, cuidou da sua vida, da sua saúde, da sua formação, da sua alimentação e lhe deu muita atenção e carinho. Sei que ficaram marcas da discriminação. Mas, pergunte-se qual o aprendizado a extrair daquele momento da sua vida. Ficar tecendo mágoas é perder tempo e abrir caminho para um câncer; logo, isso não lhe interessa. Em segundo lugar, você agora sabe que deve ser justa e igualmente amorosa com todos seus filhos. Por fim, está aprendendo também que os fatos passados só têm o poder que você lhes dá. E não é tão ingênua a ponto de dar ao passado poder de perturbar sua vida de hoje.

"Meus anos de colégio foram difíceis". Tem alguém que achou fáceis os anos de colégio? Alguma

criança ou adolescente gosta de ir à aula e estudar? Todos precisam estudar, se esmerar, usar tempo imenso para preparar as lições. Para todos há dias de chuva, de frio, de inverno. Todos terão aulas chatas e colegas mais chatos ainda. Isso faz parte da evolução.

"Os rapazes só queriam explorar-me". E daí? Eles eram donos da sua vida, ou você? Agora analise os benefícios que essas experiências lhe trouxeram. Com certeza aprendeu muita coisa. Se queriam explorá-la, isso tem um lado positivo: é sinal de que você era muito desejada. Ninguém quer para si laranja estragada ou feia. Descubra finalmente que isso é um elogio à sua performance física e mental. Também, seja justa, recorde que muitos colegas eram seus amigos de verdade. Com isso, quero dizer-lhe que o bicho não é tão feio quanto você o pinta. Tire o estopim da bomba emocional e dê uma boa gargalhada.

"Casei apenas para sair das garras dos pais". Será verdade mesmo? Tem certeza? Pode mostrar-me as fotos do casamento? É que tenho dúvidas de que verei você chorando a triste sina naquela cerimônia! Bom, suponhamos que seja verdade. Nesse caso, parabéns: você é uma pessoa determinada, tem coragem de criar seu próprio caminho, não teme enfrentar novos desafios. Não são muitas as pessoas ousadas como você, que abrem nova vida para proclamar sua autolibertação. Ainda que tenha errado na escolha, você continua a ser a mesma pessoa corajosa. Mas, lembre-se que depressão não rima com decisão. Primeiro, cure-se, depois decidirá o que fazer e que atitude tomar.

"O marido é uma decepção total, deselegante, sem carinho, totalmente envolvido em sua profissão". Ponha-se diante de Deus e me garanta que é verdade o que está dizendo. Teria você casado sem nem um dia de namoro? Sem saber o feitio do seu futuro marido? Tem certeza de que casou com um desconhecido? Lembro aqui uma outra senhora que, diante de uma situação parecida, afirmou-me que casou pensando que o marido iria mudar. Respondi-lhe com aquela frase pitoresca: "A mulher casa pensando que o marido vai mudar; o homem casa pensando que a mulher não vai mudar". Leve em consideração que a depressão é estado emocional e mental em que a pessoa não vê nada de bom, não aprecia nada, acha que a vida foi e é um desastre, que o marido ou esposa foi péssima escolha, assim por diante. Essa, portanto, não é hora de pensar em separação. Primeiro, pense em libertar-se da doença, depois, se for o caso, analise como libertar-se do marido. Bem que se diz, nos compêndios de Psicologia, que, em estado de depressão, não se compra nada, não se vende nada, não se toma nenhuma decisão de divórcio. Primeiro a cura. Acima de tudo, a cura.

"Enfim, sinto-me uma mulher sem eira nem beira, desiludida da vida". Essa conclusão, nesse estado de depressão, é natural. Quando você está no escuro, não vê luz nenhuma. No caso pessoal, não há autoestima, não vê beleza física, nem perspectiva boa, nem valorização de si mesma. Mas isto também passará. Minha avó dizia: "Paciência e caldo de galinha ajudam muito". Mesmo deprimida, você não deixa de ser uma

pessoa especial, única no universo humano, com imensas qualidades e com uma missão que está à sua espera pata tornar sua vida bonita e útil nesse mundo.

Tome uma nota de cem dólares e a pisoteie. Agora peça ao seu inimigo que faça o mesmo. Pergunto-lhe: a nota perdeu o valor? Claro que não. Então, querida amiga, você não perdeu seu valor, sua dignidade e sua grandeza só porque se sente amarfanhada por uma depressão temporária. Imagine, neste momento, a pessoa que deseja ser. Imagine, isso não dá trabalho. Espiche-se na poltrona, ou deite na cama, e imagine-se exatamente como deseja. Não há limites para a imaginação. Imagine-se. (Pausa...)

Muito bem, agora você é essa pessoa.

- A vida não é bem assim – resmunga você.

- Claro que é bem assim. Pare de achar tudo difícil. A vida é tão fácil quanto você imagina.

Você também, que está lendo essa mensagem, siga por esse caminho, que conseguirá.

25

Crenças que ajudam a vencer ou a perder

Você sabe que a vida é movida por pensamentos e crenças. Está me lendo nesse momento não porque sua mão agarrou o livro, mas porque, antes de movimentar-se para tanto, pensou em fazer isso. Após a leitura, tomará as decisões que a sua mente determinar. A mente, tudo a mente.

Primeiro o pensamento, depois o acontecimento – é assim que funciona.

A sua trajetória diária tem o feitio da sua verdade pessoal. Mas esta não é a força maior. A maior força humana chama-se crença fermentada pela emoção. Muitas vezes você tinha uma verdade na cabeça, mas acabou seguindo os impulsos do seu coração, sede dos seus afetos e sentimentos.

Suas crenças são ideologias e não verdades absolutas. Portanto, podem ser mudadas.

No seu acervo de crenças que hoje orientam sua vida estão certas frases dos seus avós, o estilo de vida de seus pais, os princípios que hauriu da religião que frequenta, os aprendizados de rua, e os efeitos de leituras e de televisão. Nessa mescla, você herdou e colecionou crenças positivas e negativas, benéficas e maléficas, atuais e ultrapassadas. Sua vida hoje é baseada nesses mandamentos existenciais. São balizas de convicções e decisões. Baseado nessa programação interior, nesse piloto automático, você vai levando seu dia a dia.

Nunca pensou que algumas crenças podem estar deteriorando sua vida?

Conceitos religiosos

Quais são as práticas que sua religião exige de você? Que visão da vida lhe oferece sua religião? Como sua religião vê Deus? O que diz sua religião sobre o corpo, a mente, o espírito? O que é o amor e o sexo na sua religião? Por que sua religião ensina que tem que rezar? O que é uma oração? Que tipo de conversa-oração deve ser feita ao Pai Celestial?

Preste bem atenção sobre suas crenças religiosas e analise se elas conduzem a sentimentos de culpa, obrigação ou medo. São três sentimentos que podem ser usados como chantagem emocional para quebrar a sua resistência.

O judaísmo e o cristianismo começaram gerando culpa desde Adão e Eva. O tal de pecado original. Na verdade, somos verdadeiramente filhos de Deus e, portanto, nossa origem não tem culpa nenhuma embutida. Paulo já dizia que *"sois templos do Altíssimo que em vós habita e esse templo é santo"*. Jesus afirmou que o *"Pai habita nosso secreto"*. Nada de complexo de culpa, que isso abate a grandeza de filho de Deus. Mas, algumas religiões têm o feitio de jogar culpa e culpa e culpa sobre seus adeptos, daí resultando necessidades religiosas de rituais de perdão, incessantes súplicas de perdão, como se a pessoa estivesse manchada o tempo todo. Complexo de pecado é igual a culpa.

Sentimento de culpa não existe só entre o homem e Deus. Também nas relações humanas há chantagens emocionais que visam gerar culpa:

"Não quero que vá a esse curso, porque tem que cuidar das crianças". Você foi e sentiu culpa.

"Se você sair e acontecer algo com o filhinho, a culpa é sua".

"Se quer que eu fique em casa, depois não reclame que não trago dinheiro".

"Vai viajar?E quem é que cuida da casa, da comida, das minhas roupas? Pode ir, que eu também vou sair por aí".

"Se você faz, também posso fazer".

A segunda chantagem emocional é incutir obrigação para alcançar um objetivo:

"Eu fiz isso por ti e tu tens obrigação de fazer

isso por mim".

"Eu casei contigo, tu tens obrigação de ficar em casa comigo logo que termina o teu trabalho e nos fins de semana".

"Eu faço tudo por ti e tu tens que também se sacrificar por mim". Obrigação.

"Se tu amas a Deus, deves ir à missa todos os domingos".

"Se Jesus morreu na cruz por ti, então tu também tens que sofrer por ele".

"Se não cumprires tua obrigação para com Deus, ele também nada fará por ti".

Obrigação. O amor é transformado em obrigação, mas amor e obrigação são incompatíveis.

A terceira chantagem que você deve prestar atenção, chama-se medo. Assustam com ameaças para que você ceda.

Chantagens emocionais que produzem medo:

"Se tu saíres à noite, eu também vou sair".
"Se tu vais ao futebol, eu também vou sair por aí".

"Se queres trabalhar fora, depois não vás te arrepender, que eu também vou chegar tarde".

"Se quiseres ficar tanto tempo fora de casa, olha que eu posso achar que tu não fazes falta".
"Queiras te separar e vais ver o que acontece!"

Há muitos tipos de chantagens, não só essas.

Seja inteligente e objetivo(a). Resista calmamente a qualquer tipo de chantagem, porque ela carrega maldade no seu bojo. Um diálogo inteligente e sereno ajuda à compreensão da melhor solução. Mas, fazer ou aceitar chantagem é péssimo caminho.

Há crenças religiosas bloqueadoras e castradoras da vida e há crenças que iluminam, incentivam, ensinam a viver bem e feliz.

Crenças religiosas positivas

Crenças religiosas que geram energia positiva: Deus é amor; você é filho do amor do Criador; Deus é a suprema felicidade, você nasceu feliz para ser feliz; amar-se a si mesmo é o ponto inicial do mandamento do amor; o corpo é templo do espírito, então ame seu corpo; o espírito é a sua Vida, por isso você nunca morre, mas volta para a sua origem divina; todos os erros são perdoados se você se perdoa; o amor perdoa todos os pecados; o reino dos céus está dentro de cada um; Jesus é misericordioso, compassivo, amoroso, portanto alivia o sofrimento e cura as enfermidades; há poder infinito no ser humano: chama-se fé; Deus não castiga, é a própria pessoa que colhe o que semeia; Deus criou o mundo e viu que tudo era bom, portanto o mundo é bom; somos todos irmãos nesse planeta; Deus é Pai e age como Pai; Jesus veio para que todos tenham vida em abundância; peça o que quiser e sua alegria será completa – disse o Mestre; sexo foi criado por Deus por isso é bom e maravilhoso; pobreza, celibato e virgindade não têm valor em si mesmos, mas apenas pelo significado que individualmente lhes for atribuído; você é filho de Deus; a vida não é tempo de expiação mas presente de Deus; a oração não vale pela quantidade, ou pelo palavreado, mas pela relação do diálogo com Deus.

Outra crença que anula sua busca de prosperidade e abundância é a valorização da pobreza. Pobreza – como dizia um dos sábios da Igreja, São Clemente de Alexandria – não é nenhuma virtude invejável ou grandiosa.

Deseje a prosperidade, a abundância e o progresso, porque assim estará contribuindo para a construção de um mundo melhor. Este foi o mandato recebido do Criador, segundo o Gênesis.

Diz a bíblia: "A bênção do Senhor dá a riqueza e não a faz seguir de sofrimento". Já citei anteriormente. Está em provérbios, 10,22.

Crenças benéficas

Você é suas crenças. A Sabedoria Infinita, que habita o âmago do seu ser, é o farol que ilumina seu navegar. A Luz espanta as trevas da ignorância e traz alegria vivencial.

É bom levar em consideração que tudo que é negativo e que produz sofrimentos, não é bom e vai gerar doença.

Tudo que agride a ordem do seu ser – é fator de enfermidade.

Tudo que é ofensivo à sua natureza – a natureza é obra do Criador, por isso perfeita – gera desarmonia e males físicos ou psíquicos, ou ambos.

Cultive crenças de alegria; sorria e dê gargalhadas; expanda seu bom humor; desdobre uma piada – que rir é cientificamente comprovado o melhor remédio.

Atitudes complacentes, amáveis, agradáveis, fazem bem a você e aos outros.

Tenha em mente que o descaminho jamais leva ao caminho. Querer enriquecer pelo descaminho é tempo perdido. Pretender saúde desarmonizando a justa e reta ordem natural, é pretender o impossível.

Pois bem, agora você tem os caminhos abertos para conseguir o que quiser, já que suas crenças são positivas e produzirão efeitos positivos.

26

Como Pedro caminhou sobre as águas

Uma coisa que sempre me intrigou foram os milagres de Jesus. Mais do que isso, foi ter declarado que tudo que ele fazia todos podem fazer. Todos? Como pode ele ousar tal afirmação? Já viu alguém curar um cego de nascença apenas passando saliva nos olhos? Onde está o ser humano que tenha conseguido acalmar os ventos e serenar as ondas do mar, com um simples gesto? Pode algum indivíduo multiplicar sete pães e sete peixes a ponto de alimentar mais de cinco mil pessoas?

- Aquele que tiver fé fará as obras que eu faço!

Foi o que ele disse há dois mil anos e não retirou uma letra sequer.

O mais impressionante é que Jesus não estava brincando.

Eu moro num patronato. Todos os dias temos missa da comunidade, às 18,30, e cada dia um sacerdote preside a celebração. Meu dia é terça-feira. Pois, numa dessas terças-feiras, o evangelho relatava que Jesus mandou os discípulos seguirem de barco à outra margem do Mar da Galileia enquanto ele iria despedir o povo. Já altas horas da noite, os discípulos lutavam contra as ondas revoltas remando contra os ventos. De repente, viram sobre as águas um vulto e se apavoraram pensando que era um fantasma. Era Jesus, caminhando sobre as ondas.

Acalmou os discípulos:

- Coragem! Sou eu!

Pedro, estupefato, exclamou:

- Senhor, se és tu, manda-me ir ao teu encontro, caminhando sobre as águas.

- Vem! – disse-lhe Jesus.

Pedro de imediato desceu do barco e foi andando sobre as águas. Mas, sentindo o vento forte a agitar as ondas, ficou com medo. E, o pior de tudo, começou a afundar. Desesperado, pediu socorro ao Mestre.

Jesus estendeu-lhe a mão e o recriminou:

- Homem de pouca fé, por que te assustaste?

O Mar da Galileia situa-se na região do mesmo nome. É também chamado de Mar de Tiberíades, por ter à sua margem essa grande cidade. É, ainda, denominado Lago de Genezaré, palavra originária do hebraico Kinneret. Kinneret significa harpa, uns dizem porque o mar tem o formato de uma harpa, outros, mais poéticos, afirmam que é porque os ventos sobre as ondas produzem som de harpa.

O Mar da Galileia é cercado de altos montes, menos por onde entra o rio Jordão e por onde sai rumo ao Mar Morto. É de água doce e tem 20 Km de comprimento por 14 de largura, com 45 metros de profundidade. Devido ao desfiladeiro que avança do Monte Hérmon, onde nasce o Jordão, até o lago, surgem tempestades repentinas extremamente violentas.

Nessa noite, o barco dos discípulos, já longe da terra, era atormentado por ventos contrários, originados da região do Hérmon.

Mas, o que eu queria mencionar nesse episódio é o fato de Pedro ter conseguido caminhar sobre as águas. Como pode o mais pesado que a água flutuar? Seria uma expansão mental e espiritual do corpo, tornando-o mais leve que a densidade da água? Ou teria acontecido o fenômeno de adensarem-se as moléculas da água a ponto de suportarem o peso de Pedro e de Jesus? Ou seria simplesmente intervenção divina? O fato é que aconteceu. Pedro conseguiu andar sobre as águas do mar. Andou pouco, mas andou. Se percorreu alguns metros, com certeza poderia andar mais outros metros e mais outros metros.

Como conseguiu Pedro esse fenômeno? Milagre? O que é um milagre?

Blaise Pascal, século dezessete, foi matemático, físico e filósofo, convertido do jansenismo ao catolicismo precisamente pelos milagres que observou e estudou. Como resultado de suas observações, deu a seguinte interpretação: "O milagre é um efeito que excede a força natural dos meios que se empregam".

Eu, de minha parte, digo que o milagre não é o resultado do rompimento da ordem natural, mas a maneira admirável como se alcança a ordem natural desejada. Exemplo: Se eu obtive, por uma prece, a cura imediata e irreversível de uma enfermidade, sem usar os meios naturais, isso é um milagre, mesmo que essa doença pudesse ser curada com sessenta dias de tratamento médico. O que precisa ser levado em consideração é a forma admirável pela qual o fato ocorreu e não o fato em si mesmo. Pedro andou sobre as águas. Segundo a lei da física, pela ordem natural da relação peso/densidade, não poderia acontecer. Derrotou a lei da gravidade? Não necessariamente. Se ele tornou-se mais leve que a densidade da água não rompeu a Lei da Gravidade. Se conseguiu o fenômeno adensando as moléculas da água também não rompeu a Lei da Gravidade.

Então, o que foi que aconteceu? E você quer porque quer saber o que sucedeu. Mas, é importante saber? A explicação dada por Jesus foi a seguinte: Pela fé, Pedro caminhou sobre as águas; pela falta de fé, ele afundou. Foi o que explicou o Mestre:

- Homem de pouca fé, por que te assustaste?

Algum dia aprenderemos a caminhar sobre as águas?

Há um detalhe que é preciso colocar aqui: Jesus avisou que tudo que ele fazia, qualquer pessoa pode fazer.

- Aquele que tiver fé fará as obras que eu faço e fará obras maiores ainda que estas.

Por que não acontece normalmente com as pessoas esse poder, já que Jesus garantiu que assim é e assim será?

Certa vez, declarou ele:

- Quanto ao poder, quem tem fé tudo pode.

Então, por que não acontece?

A resposta está no próprio Pedro: depois que andou um pouco sobre as ondas revoltas, teve medo e começou a afundar. No momento em que teve medo de afundar, a fé entrou em colapso e desapareceu. Sem a energia mental e espiritual, o corpo retomou o peso e volume normal e Pedro afundou. Como era a certeza no poder que o fazia caminhar sobre as águas, certeza dada pela palavra de Jesus, ao esvair-se essa crença, Pedro voltou a ser o Pedro comum, limitado, sujeito às leis normais da vida. E afundou. No seu desespero, pediu socorro ao Cristo e este deu-lhe a mão. Se pediu socorro é porque acreditava que o Nazareno o salvaria, passou a existir essa fé, e foi o que aconteceu: Jesus e Pedro entraram tranquilamente no barco, os ventos serenaram e a viagem prosseguiu.

O Nazareno havia ensinado que existe uma força todo-poderosa, a que deu o nome de fé, que tudo alcança. Tudo consegue desde que não seja esvaziada. A fé não convive com medos, dúvidas, descrenças, retorno, hesitação e desinteresse. Pedro teve medo. Pedro não acreditou que podia caminhar sobre ondas revoltas.

Esse acontecimento pode ilustrar o fenômeno da fé e pode esclarecer o que é e quando ocorre o milagre.

27

Fé é o outro nome do poder

Eu sempre fui seduzido pela revelação de Jesus de que a fé pode tudo. O que é essa fé que remove montanhas, produz milagres, cura enfermidades, tudo alcança e torna possível o impossível? O que é mesmo? Será que é? Ou não é?

O que determina esse poder ilimitado em criaturas limitadas?

A revelação do Mestre é tão espantosa que dificilmente se encontra, entre os líderes do cristianismo, alguém que acredite nessa força. Por via das dúvidas, preferem deixar de lado esse assunto e pregar a resignação, já que esta é a antiutopia.

Todos reconhecem que Jesus é o messias, o maior sábio, o caminho, o bom pastor, o maior curador, o que veio trazer a Verdade ao mundo, o salvador da humanidade, o filho de Deus - mas esbarram nessa revelação de que o ser humano pode tudo. E já faz dois mil anos que o impasse está criado. Os apóstolos passaram, os padres da Igreja passaram, centenas de Papas passaram, milhares de bispos passaram, inúmeros sacerdotes, filósofos e teólogos passaram, e você não vê ninguém concordando com Jesus. Alguém está errado: ou Jesus ou seus seguidores.

O inacreditável poder

É tão inacreditável o que Jesus revelou sobre o poder da fé, que até hoje fica o dito pelo não dito. Justamente por isso, há anos o tema me fascina. Entender, acreditar, decompor a verdade e praticar, é o mais fantástico desafio que a humanidade possa enfrentar. Hoje, seria como avisar a um homem da caverna de que, caminhando cinquenta quilômetros adiante, ele encontrará outro mundo à sua disposição, com casas, carros, aviões, mercados, parques, rios, lagos, palácios, prazeres, hospitais, escolas, roupas de grife, telefones, internet e tudo o mais que ele poderia sonhar e desejar. Ele acreditaria? Acostumado a viver ao abrigo de uma caverna sem porta nem janela, sem luz, sem água, sem remédios, sem fogo, sem recursos para o dia seguinte, num mundo limitado de apenas alguns metros, como poderia dar atenção a essa notícia?

- Atrasado não sou eu – dirá ele - os outros é que são loucos.

Está bem, nem Jesus espera que você alcance a dimensão total dessa verdade.

Um pouco de fé já vale

- Tenha pelo menos a fé de um grão de mostarda – sugeriu o Mestre.

Há dois tipos de pés de mostarda: um tem a altura de um palmo e outro chega a dois metros. Dentro da semente de mostarda há mais ou menos dez outras sementinhas pretas, bem miudinhas. Jesus chegou a dizer que é a menor das sementes. É um bom exemplo. Se você não tem fé integral, poderosa, total, tenha pelo menos a fé de um grãozinho de mostarda, e vá fortalecendo essa fé, insistindo, repetindo seu desejo, persistindo na oração e na mentalização, enfim siga o método do "batei, batei, que abrir-se-vos-á".

Você consegue.

Um grãozinho de mostarda de fé e você consegue.

Tudo está em insistir e persistir.

Um minúsculo grão de mostarda, que quase desaparece na sua mão, mas basta para que você consiga.

Reanime-se. Você consegue.

Mensagens que apoiam sua fé

O Mestre foi tão ousado na afirmação sobre o poder da fé que me senti instigado a debruçar-me muitas e muitas horas tentando decifrar esse enigma. Escrevi inicialmente *A Fé Que Remove Montanhas,* posteriormente *A Fé Pode Tudo...Mito ou Verdade?,* depois o livreto *O Poder da Fé.*

Convido você a ler e meditar sobre esse fenômeno chamado fé. Uma vez descoberta a fórmula do poder, verá que sua vida não será mais a mesma.

Se as coisas não vão bem consigo, ao invés de ficar chorando as mágoas, ocupe esse tempo em ler esses livros sobre o poder da fé. Garanto que decidirá deixar o passado no passado e sentirá um impulso vigoroso para começar a abrir caminhos, exatamente os caminhos que realizarão seus sonhos atuais.

Por favor, acredite, você consegue. Basta a fé de um grãozinho de mostarda.

Você é sua salvação

Falam tanto em solidariedade, ajudar o próximo, socorrer o outro...

Pregam tanto que tudo devemos fazer pelo próximo... e o próximo deve fazer por quem?

Insistem tanto que ninguém é uma ilha... mas uma ilha não é isolamento, porque tem terra por baixo, céu por cima, e água por todos os lados. O ser humano é uno em si, um universo, um microcosmo, uma estrela na galáxia humana, e, mesmo assim, faz a unidade cósmica.

Apregoam por toda parte que ninguém é nada sozinho... mas, não deixa de ser tudo sozinho.

Batem tanto e tanto, que você necessita do outro e tem que ajudar o outro - que se cria a mentalidade da incapacidade individual, da impotência do ser humano em si, da dependência absoluta do outro.

Solidifica-se a ideia do ser humano zero em si

mesmo. Sem ajuda, nada consegue na vida – essa é a nefasta ideologia vigente.

Resultado: espera-se tudo de Deus, do Governo, dos religiosos, das associações solidárias, dos benfeitores, dos grupos de ajuda, dos pais, dos filhos, e até da sorte. Que sorte ingrata – se queixam muitos.

Os que pregam essa filosofia existencial estão plenos de boa intenção, animados pelo ideal comunitário e solidário, certos de que esse é o mandato do amor ao próximo – ensinado por Jesus.

Esquecem, no entanto, a outra face da moeda: o ser humano, filho de Deus, de dimensões divinas, dotado de capacidade de autorrealização, com ideais próprios a serem cumpridos na construção de um mundo melhor.

Você tem missão única, intransferível, selada por Deus quando foi liberado para descer a esse planeta. Qualquer inteligência medíocre há de concordar que o Criador não mandaria você à Terra para uma missão sem dar-lhe condições de a realizar. Se dependesse de outrem o seu destino, pobre de você, seria como folha de outono caída no chão, a espera de uma vassoura.

Outra consequência absurda que essa ideologia social e religiosa cria é que se um depende do outro, ninguém é ninguém, ninguém é autor da sua vida, ninguém é responsável por si e ninguém tem que prestar contas a Deus, porque o problema é o outro. Repetir-se-ia a história de Adão e Eva: Adão se defendeu dizendo que comeu o fruto porque Eva lhe deu; Eva disse que foi a serpente que a enganou... Cada um culpando o outro, mas nem por isso deixaram de ser expulsos do paraíso.

Cumpra a essência do seu ser, esse é o caminho mais simples, mais fácil, e mais legítimo.

Em si há tudo de que necessita para ser feliz, realizar seus sonhos, tornar o mundo melhor e ter uma vida prazerosa.

Às vezes, eu gosto de ouvir os sábios da antiguidade, aqueles que mergulharam fundo na essência humana. Confúcio, o inesquecível sábio chinês, disse: "O homem superior busca em si mesmo tudo de que necessita; o homem inferior vai buscar nos demais".

Medite nisso.

Se você não está maduro

Depois do que escrevi acima, apresso-me a garantir-lhe que reconheço que nem todos estão num nível alto de compreensão de si mesmos. O "conhece-te a ti mesmo" de Sócrates continua atual. Muitos estão longe do autoconhecimento e ficaram mais longe ainda quando ouviram os pregoeiros de que nada somos, dependemos dos outros, sozinhos somos zero à esquerda.

Se você se considera um ser menor, sem condições, uma desgraça solitária, e se lamenta tristemente porque os outros não o amparam, tenha a minha compreensão e solidariedade. Mas, eu quero ajudá-lo a levantar a carga, não a carregá-la. Quero ensiná-lo a pescar, não pescarei por você. Veja o exemplo da sabedoria infinita: Deus dá as nozes, mas não as quebra para você. Deus lhe dá os dentes, mas não mastiga por você. Deus lhe dá os braços, mas não abraça por você. Deus lhe mostra a porta da felicidade, mas você tem que abri-la. Deus criou você num mundo de abundância, mas cabe a si colhê-la. Deus inundou seu coração de amor, mas é você que deve amar. Deus tem o dinheiro que você quer, mas você tem que buscá-lo. Deus avisou que existe alguém que o ama, mas pertence a você ir ao encontro do seu Amor. Deus lhe deu uma linda missão, mas compete a você cumpri-la.

Acima de tudo, Deus lhe deu sabedoria e poder para atingir qualquer ideal. E, ainda, lhe concedeu inteligência e discernimento para aprender, escolher, criar, fazer, refazer, construir, vencer, melhorar, enriquecer, amar, dar a volta por cima e ser feliz.

Não olhe para os lados, olhe para si. Não deposite sua fé nos outros, mas em si, porque a fé é individual.

Parabéns ao Criador, que soube engenhar um ser que pudesse sentir prazer em cada ato de sua vida, por ser ato de sua própria produção.

Agora vá em frente

Pois bem, liberado dos obstáculos mentais, os olhos abertos para sua grandeza interior, sabedor dos desígnios do Altíssimo, ciente de que você pode, agradecido pelo passado e confiante no futuro, agora você tem o caminho aberto para ser exatamente o que deseja, para ter o que lhe agrada e para chegar aonde bem entender.

Como dizia Mahatma Gandhi: “Seja você a mudança que quer ver no mundo”. Não exija dos outros que façam você feliz e lhe deem tudo de que necessita. Isso é narcisismo, é achar-se o centro do mundo. Você é você, os outros são os outros. Seja amor, ame, e diga com sinceridade: “Sem você, também me sinto bem”. Se conseguir chegar a esse estágio, parabéns.

Você consegue.

Claro que você consegue.

29

O valor do outro

Agora que você descobriu seu valor e a capacidade de autorrealização, quero mostrar-lhe o quanto significam os outros na sua vida. Para chegar a esse momento, era necessário que reconhecesse a sua dimensão única, seu poder e sabedoria, assim como a sua missão individual. Era preciso começar do começo, como diz o velho ditado singelo.

O reconhecimento inicial de que você é seu próprio universo, no qual você é o começo, o meio e o fim, esse reconhecimento não tinha a intenção de jogá-lo numa caverna solitária para viver de si mesmo, ignorando o resto da humanidade. Visava clarificar a verdade de que você é e será o único autor de si mesmo, e é assim que se apresentará um dia ao Criador.

Ser autor de si mesmo não significa que você está sozinho no mundo. Graças a Deus há tantas e tantas pessoas com as quais pode compartilhar seus sentimentos, seu amor, sua luz, seus conhecimentos, suas alegrias, suas conquistas e suas descobertas. Falei em compartilhar, não em dependência absoluta.

A felicidade alcança sua culminância quando todos se amam pelo amor existente em cada um. Nesse caso, não há cobranças, ciúmes, invejas, carências, chantagens, violências, exploração.

- Ame-se a si mesmo e irradie esse amor a todas as pessoas, ao universo e a Deus – foi o que ensinou Jesus.

Assim como você se ama a si mesmo, assim amará tudo o mais e todos os mais. Este é o estado de plenitude. Essa mensagem ele a deu a cada indivíduo do planeta. É individual, não coletiva. Até a salvação é individual. O Mestre nunca transmitiu mensagem massiva. No reino de Deus não há tropa, há seres humanos com identidade própria.

O outro é uma bênção

A vida é uma convivência. Eis o outro lado da verdade. No entanto, como convivemos com nossos semelhantes, e como não somos perfeitos, e como estamos ainda longe da nossa identidade essencial, é muito útil que, antes e acima de tudo, aprendamos a autonomia existencial. Foi o que aconteceu no capítulo anterior. Agora, levando em consideração nosso estágio evolutivo, precisamos aprender a liberar o amor que temos e a receber o amor que a humanidade tem para nos dar. É o mundo benfazejo do troca-troca, da mútua ajuda, da felicidade compartilhada, do bem-estar repartido. Esta é a maneira de dizermos que todos somos irmãos e que esse planeta é nossa casa comum. Se somos irmãos e vivemos numa casa comum, é justo que vivamos o mais alto estágio do amor. Ilumine-se e iluminará o mundo - foi exatamente o que ensinou o Mestre. Se cada indivíduo se iluminar e iluminar o mundo, teremos inaugurado o Reino do Amor e a vida será uma festa.

A evolução

Posso citar aqui os principais lances de sabedoria que o Mestre ofereceu para que você se dê bem na sua jornada terrena e para que seja uma presença agradável e benfazeja no convívio com os demais viventes:

* Reconheça sua grandeza, a sua luz própria, o seu poder e sabedoria.

* Ame a si mesmo, ao próximo, ao universo e a Deus.

* Faça ao outro o que deseja que o outro faça a você. Trate o outro como se o outro fosse você.

* Exija do outro somente o que pode exigir de si mesmo.

* Todos somos um: o que fizer ao outro acontece na sua vida. Lei do Retorno.

Outros detalhes de convivência

O mundo está repleto de livros e ensinamentos para que todos vivam felizes, prósperos, vinculados no amor, e de acordo com as leis universais. Isso porque ninguém é perfeito. Erros e equívocos são cometidos, ofensas são desferidas, mágoas são contabilizadas, injustiças e incompreensões acontecem. Os anjos habitam os céus e não a Terra.

Mas, se você quer desfrutar uma vida serena e alegre, em paz com todos, aprenda três expressões básicas e use-as sempre que necessário:

* Te amo.

*Perdoa-me.

* Ajuda-me.

São o elixir da saúde e da boa convivência.

Mais uma sugestão da sabedoria positiva: prefira tudo que for bonito, ou útil, ou agradável, ou prazeroso.

E como você não é uma ilha e ninguém é seu escravo, diga com a maior prodigalidade:

- Bom-dia.

- Muito obrigado.

- Por favor.

Conceitos religiosos

Não despreze nada que seja saudável. Tudo que é saudável faz bem, tudo que faz bem é bom, tudo que é bom vem de Deus.

Há muitas definições para a palavra santidade.

Mas, se você buscar a raiz desse vocábulo, descobrirá que santidade é uma corruptela da palavra sanidade e esta significa saúde. Você tem saúde quando há perfeita harmonia entre corpo, mente, coração e espírito. Essa harmonia produz energia interativa entre essas dimensões do ser humano. Assim acontece o estado de felicidade, que nada mais é do que sentir-se bem consigo mesmo, com a humanidade, com o universo e com Deus.

Um dos equívocos de interpretação de santidade é colocá-la como resultado de sacrifícios, renúncias, alimentação sofrível, roupas desconfortáveis, atitudes severas e penitenciais. Pois bem, tudo que prejudica a saúde, não contém sanidade, portanto não é santidade.

Passar frio, fome, sede, dormir mal, fazer penitência, maltratar o corpo, dar-se a longas horas de vigília, qualquer pessoa sabe que prejudica a saúde, então não condiz com santidade. Aqui se faz mister um adendo: os santos que agiam assim por amor a Deus eram agraciados pela boa intenção. Mas, a boa intenção não impedia os prejuízos orgânicos. Bastaria saberem que o corpo é templo do Altíssimo, que nele habita, para se portarem de outra forma.

Ser feliz, alegre, positivo, otimista, amar, querer bem, ter paz, bondade, acreditar em Deus e nas coisas boas, espalhar sorrisos e boa vontade, ser justo e caridoso, beber uma taça de vinho às refeições, ingerir comida gostosa e benéfica, vestir de acordo com o clima, proteger-se das intempéries, descansar quando cansado - tudo isso é saudável, fortalece o sistema imunológico, gera bem-estar, então pode fazer parte da lista da santidade. Parece heresia, mas não é. Analise a lógica. Como é que pode ser santidade o que prejudica a saúde e a perfeição do ser humano? Acreditar em sacrifícios voluntários, renúncias dolorosas, flagelações espirituais, é paganismo. É imaginar um deus sádico que se compraz com o sofrimento. Seu pai e sua mãe ficariam felizes se você andasse mal vestido, comendo restos de comida, dormindo na rua, sofrendo dores insuportáveis? Pior ainda se o filho dissesse que vivia assim para agradar os pais.

Amor atrai amor

Nosso assunto aqui é relacionamento. Amar e ser amado, ter amigos e amigas é uma maravilha. Que coisa mais agradável compartilhar uma bela risada, uma conquista, uma viagem, um churrasco, um bom vinho junto à lareira.

Na minha enciclopédia pessoal, tenho anotado o seguinte:

"Revistas do mundo inteiro estão falando nesta semana, (24 de julho, 2006), que as pessoas estão cada vez mais solitárias e com menos amigos. Os jornalistas anotaram que pessoas que, há cinco anos, se relacionavam com oito bons amigos, hoje têm apenas três deles. E quem tinha três, hoje está com apenas um, ou solitário. O comportamento das pessoas se encaminha para um lado mais individual, de poucas amizades e poucos relacionamentos. Na Europa e Estados Unidos, cientistas fazem estudos intensivos sobre o assunto". (Jornal

Zero Hora, Patrola, Ico Thomaz).

Diante do texto acima, achei útil citar aqui Alexis Carrel, médico biologista francês, 1873-1944, prêmio Nobel de Medicina, em 1912: "Só o amor é capaz de criar nas sociedades humanas a ordem que o instinto estabeleceu há milhares de anos no mundo das formigas e das abelhas."

Já que estou trazendo mensagens de ótimos pensadores, não posso deixar de transcrever esta frase atribuída, na internet, a Albert Einstein: "Se um dia tiver que escolher entre o mundo e o amor... lembre-se: se escolher o mundo, ficará sem amor, mas, se escolher o amor, com ele você conquistará o mundo".

Conclua comigo que você é uma estrela do cosmo, uno em si mesmo, com luz e vida própria, mas fazendo parte da grande constelação humana.

Imagine-se assim e verá como a humanidade e o universo conspirarão a seu favor. E sentirá a energia de Deus fluindo para você.

30

Seu melhor dia

Conheço muita gente que sempre acorda mal-humorada e levanta com o pé esquerdo, como se diz na gíria. Na hora da refeição matinal, ninguém se invente de puxar conversa, que sai fogo pelas ventas. Ora, dia mal começado, dia mal terminado. O subconsciente vai cumprindo esse ritual amuado durante o dia. De cara amarrada, como pode você ter sucesso e influenciar pessoas?

Tem gente que desliga o despertador jogando contra a parede.

Bom-dia!

Quero dizer-lhe que seu dia depende muito do que acontece na hora do despertar.

Quer ter um belo dia?

Não me diga que não consegue. Siga a mente e acompanhe esse roteiro, depois decida.

Ao abrir os olhos, assuma o comando da sua mente, antes que o hábito entre em ação. Ainda esfregando os olhos, agradeça a Deus pela noite e pelo dia, exclame alguma frase positiva de inspiração momentânea e saia da cama com a energia de um valente Sansão. Há os que preferem deixar-se ficar deitados enquanto elevam seus pensamentos para o Alto, tipo esses aqui: Bom-dia, bom-dia, bom-dia! Obrigado Deus pela noite, obrigado por estar vivo, pelo presente deste dia. Com tua graça, sei que será um dia especial, maravilhoso, de belas colheitas. Sei que é assim porque todo pedido tem a resposta de acordo. Ajuda-me, Senhor, a só pensar no melhor, querer o melhor, esperar o melhor e trabalhar pelo melhor. Só há luz no meu caminho. Com meu alto-astral atraio pessoas que me acrescentam, consigo fazer o que significa mais, encontro meus caminhos abertos pela Sabedoria Infinita, e tenho certeza de que será um dia que vai ao encontro dos meus sonhos maiores. Sou protegido divinamente, sou muito alegre e bem-humorado, tenho a calma que aproxima as pessoas, e produzo resultados admiráveis. Assim é e assim será.

De hora em hora o dia melhora

Esqueça pensamentos de que é um dia pesado, muitos compromissos, dívidas pelas costas, problemas até o pescoço, inimizades pelo caminho. Pare com isso. Pare com isso. Saiba que o pensamento cria a realidade de si mesmo.

Continue a ter certeza de que está começando

um grande dia. Com as bênçãos divinas e seu otimismo, as coisas vão se resolvendo a contento, cada dia avançando para o melhor, e os negócios encontrarão a companhia da prosperidade. Atenção, não basta ler essas frases: ponha-as na sua boca e no seu coração. Mesmo sem vontade, teime em pensar positivamente, porque esse é o único caminho do êxito.

Olhos e coração abertos

O título acima significa que cada passo que der, a vida dará com você. E a vida é tudo. Desfrute a vida enquanto realiza seu dia.

Abra os olhos para ver e sentir a alegria do sol beijando o orvalho da manhã e iluminando a sua rua; as flores que estão no seu caminho são sorrisos do Criador para você; a chuva que cai é a música do Infinito; as pessoas que vão e vêm são seres interessantes, com seu mundo próprio como você. Cada bom-dia que der, é um beijo no coração das pessoas.

Pode ser que logo adiante da sua jornada, o clima esteja se tornando pesado e instintivamente você mude de humor. Resista. Não é a vida que faz você, é você que faz a vida, assim como não é o carro que usa você, mas você é quem usa o carro. Por favor, não volte a dizer que não consegue. Sem dúvida nenhuma, você consegue.

Tenha a certeza de que, em pouco tempo, esse modo de ser se tornará hábito, e então todo mundo vai conhecer uma pessoa muito legal: você.

Não estou colocando uma meta para toda a vida. Apenas para esse dia. Depois, para o outro. Um dia de cada vez. Jesus era Mestre em psicologia: "Basta a cada dia a sua lida".

A vida é hoje, aqui e agora. E é sempre uma festa.

31

Faça a festa da vida

Já estou me despedindo de você. Agora, mais do que nunca, somos amigos. Onde quer que esteja, imagino você ao meu lado, junto à lareira do meu coração.

Estivemos até aqui pensando em voz alta e conversando. A beleza da amizade é que ninguém quer convencer ninguém, a simples presença é o laço que une. As ideias podem ser diferentes, as crenças podem ter outros paradigmas, a distância pode ser cósmica, mas a amizade transcende tudo isso, eis porque é perene e chamam-na de tesouro.

Para mim, basta saber que é meu amigo, ou minha amiga, pouco importa se vive na Amazônia, no Polo Norte ou no Pico do Everest. Também não me preocupo se concorda comigo ou não. Não há bem mais precioso do que a liberdade de pensamento e de crença. Se disser que vai plantar bananeira de raiz para o céu, desejarei sucesso e me sentirei feliz se me convidar para comer as bananas que vierem a ser produzidas.

Você também é minha amiga, estamos sintonizados, sei lá se vive no Rio de Janeiro, em Paris, Lisboa, Barcelona, ou onde o diabo perdeu as botas. Somos amigos e isso é tudo. Conversamos juntos durante toda essa leitura, e agora sentimos uma ligação alegre e benfazeja.

Diz que não conheço você?

Ora, se conheço. O coração tem olhos que os olhos não veem. Acha que existe distância para o amor e a amizade?

Eu sou profundo admirador de um grande filósofo, teólogo, pensador, escritor e orador, chamado Santo Agostinho, (354-430). Dedico a você o que ele disse, certa vez: "A metade da nossa alma é um bom amigo". Sinta-se assim comigo e me sentirei assim com você.

Mas, eu dizia acima que estava me despedindo. E o farei oferecendo-lhe a mensagem particular que só digo aos meus melhores amigos.

Como você é meu amigo do coração, e você é minha amiga especial, ofereço-lhes aqui as minhas palavras mais carregadas de carinho:

"A vida é sempre uma festa, aconteça o que acontecer".

Você consegue.

Claro que consegue.

Fim

Capítulos

Olá!

1. Tudo começa com uma ideia /6
Duas palavrinhas danadas /7
Aceite discutir o assunto /9
Consegue sim /10
Os outros conseguiram /11
Não se atrofie /13
A ladainha dos pessimistas /15
Você é refém de suas crenças? /17
Ritual para acabar com os "não consigo"/18
Para meditar /18

2. O poder da palavra /19
Explicando melhor /19
A palavra criadora /20
Palavra é privilégio humano /21
A palavra é poderosa /21
A palavra é manifestação divina /22
Você, Deus e a palavra /23
Tudo está em suas mãos /23
Descobriu por que não consegue?/24
O homem-matéria /24
O homem-além-matéria /26

3. Acerte o Caminho /28
Deus não acelera o processo /29
Sabe por que não consegue? /30
As duas pontas da corda /32

4. Vencendo crises /34
Benefícios da crise /36

5. Agarre-se a quem pode /39
Santos milagreiros que conseguem /40
Explicações para os que conseguem /46

6. O coro dos que gritam que você não consegue /48

7. Como se processa a materialização do pensamento /52
Qual é o mecanismo da fé? /55
Milagre é conseguir o impossível /59

8. A força irresistível do entusiasmo /61
O teste da profissão certa /65
O sucesso da profissão /66

9. Como conseguir mais rápido /68
Acalme-se /68
Ainda preocupado? /69
Relaxe /70
A quem apelar /71
O poder /71
Porque o seu caso tem solução /72
O poder executivo da vida /73
Hora de agir /74
O passo decisivo /74
O caminho /76
Momento iluminado /78
O poder da imaginação /79

10. A fortuna à sua espera /82
Religião: pobreza e riqueza /84
A bíblia /85
Riqueza ao seu alcance /86
Acredite que chega lá /88
Evite ser fiador /89
Exagerei? /90
Conselhos bíblicos /91

11. Não há experiência nefasta /92
Quando o errado produz o certo /93
Não acampe no passado /94
Avance o passo /95

12. O bilhete de Barcelona /97
O pensador /98

13. Mude de nível social /101
Os cinco amigos mais pertos /104
Outros amigos especiais /105

14. Mantenha sempre a mente altiva /107

15. O trabalho que consegue /112
Origem da riqueza /113
Conflitos entre riqueza e pobreza /113
Trabalho é prazer /116
Pensar também é trabalho /116

16. Como criar dinheiro /118
O caminho da riqueza /119
O que é o dinheiro /119

A grandeza do dinheiro /120
Queira mais dinheiro /121
Crença contrária ao dinheiro /122
Existe dinheiro mau? /122
Deixe o dinheiro fluir /123

17. Caminhos estranhos /125
Intuição /125
A oração /127
Nas páginas da bíblia /128

18.A difícil voz do não consigo /129
Vale o esforço /131
Fontes antidepressivas /132
Agora se despeça do passado /135

19. Perspectivas da maturidade /136
O que é a vida /138

20.Consiga tudo na velhice /141
Como conseguir desfrutar a alta idade /143
Tempo de usufruto /144

21. Qualquer jovem consegue /145
Essa é a idade dos sonhos /147

22. Atolado em dívidas, e daí? /150
Primeira atitude /150
O email salvador /152
Acredite que pode /153

23. Como começa a riqueza /157
Veja exemplos /163

24. Vidas que não se entendem /167
Marido nervoso /167
Homem de sangue quente /168
Viciada em compras e compras /169
Não parava em nenhum emprego /170
Metido em drogas /171
Separação e divórcio /173
Mergulhada em depressão/174

25. Crenças que ajudam a vencer ou a perder /182
Conceitos religiosos /183
Crenças religiosas positivas /186
Crenças benéficas /187

26. Como Pedro caminhou sobre as águas /189
Algum dia aprenderemos a caminhar sobre as águas? /193

27. Fé é o outro nome do Poder /195
O inacreditável poder /196
Um pouco de fé já vale /197
Mensagens que apoiam sua fé /197

28. Você é sua salvação /199
Se você não está maduro /201
Agora vá em frente /202

29. O valor do outro /204

29. O valor do outro /204
O outro é uma bênção /205
A evolução /206
Outros detalhes de convivência /206
Conceitos religiosos /207
Amor atrai amor /209

30. Seu melhor dia /211
Bom-dia! /211
De hora em hora o dia melhora /212
Olhos e coração abertos /213

31. Faça a festa da vida /215

Programa Lauro Trevisan

Quero aproveitar esse cantinho especial para lhe dizer que tenho um programa na RedeVida de Televisão, todos os sábados, às 21,30.

Talvez queira ver-me pessoalmente, pois aí está uma boa oportunidade. De mais a mais, sempre abordo temas que lhe interessam muito, como “Se você pode sonhar, pode realizar” - “Como usar o poder da mente” – “liberte-se da depressão” - “Acabe com o estresse antes que ele acabe com você” - “A cura da mulher do fluxo de sangue” - “Porque as pessoas felizes são felizes” - “Use o poder de alcançar riqueza”, assim por diante.

Você vai conhecer livros meus que abordam esses assuntos e poderá sugerir alguma ideia ou fazer pergunta para eu responder por email ou no programa. Inclusive, pode mandar algum testemunho de vitórias alcançadas pelo uso do seu poder interior.

Mas, o simples fato de estar comigo nesse programa já é motivo de alegria, sintonia e empatia. Até a rima é bonita.

Beijos. *Lauro Trevisan*